做智慧的父母

使百万人受益的“智慧父母金字塔”

赵崇舜◎著

九州出版社
JIUZHOUPRESS

图书在版编目（CIP）数据

做智慧的父母 / 赵崇舜著．—北京：九州出版社，2011.5

ISBN 978-7-5108-0991-0

Ⅰ．①做…　Ⅱ．①赵…　Ⅲ．①家庭教育　Ⅳ．①G78

中国版本图书馆 CIP 数据核字 (2011) 第 095112 号

做智慧的父母

作　　者　赵崇舜　著
出版发行　九州出版社
出 版 人　徐尚定
地　　址　北京市西城区阜外大街甲 35号 (100037)
发行电话　(010)68992190/2/3/5/6
网　　址　www.jiuzhoupress.com
电子信箱　jiuzhou@jiuzhoupress.com
印　　刷　北京通州富达印刷厂
开　　本　787毫米 ×1092毫米　16开
印　　张　13
字　　数　150千字
版　　次　2011年7月第1版
印　　次　2011年7月第1次印刷
书　　号　ISBN 978-7-5108-0991-0
定　　价　28.00元

★版权所有　侵权必究★

献 词

拥有优秀的一代人

就拥有了健康、快乐、富有的社会

家庭培育出杰出的孩子

就拥有了明天的希望

教育孩子是代代传承的志业

当我把自己的孩子教育好，我已然将世代相传的使命

在我的手中传递出照耀未来的光芒

你的我的孩子的光芒，点亮了未来世界的希望

你是否需要阅读这本书？

如果　孩子时刻感受到您的爱，时时受到您的尊重

快乐地做自己

如果　孩子懂得安排自己的时间

从不隐瞒自己的过错

敢于争取自己的权利

清楚自己的兴趣

请放下这本书

有智慧的父母知道一件事

有智慧的父母与没有智慧的父母如何区分呢？

有智慧的父母知道一件事：我们一生中最重要的事情是把孩子教育好！

目录

序

未来的孩子需要七大能力

这个世界，正面临着前所未有的变革。那么，我们教育孩子的方式是否也需要改变？

我从小生长在台湾,来到大陆已经十六年。台湾在教育孩子方面,放得开,但注重孩子的教养,唯独缺乏面对未来的准备。感觉台湾的父母,有点茫茫然,不知隔海的对岸，正进行着如火如荼改变世界经济板块的行动。

大陆的孩子由于独生子女多，父母是竭尽所能地满足孩子。而每年一千八百万新生人口的压力，为未来的就业带来很大压力，更促使父母用尽手段，操控着孩子，朝着父母安排的角色学习。

孩子的成长就是一种探索，而很多父母往往很少花时间，对自己的孩子适合什么多作了解，造成无数父母与孩子之间的问题涌现。

海峡两岸的父母都有必要，来重新审视大环境的改变，找出迎向未来，正确教育孩子的新方法。因为，变革代表旧的秩序不再，也代表新的机遇及更好的发展空间，但这是以孩子具备了应对未来挑战的竞争力为前提的。

纵观全球对新时代要求具备的竞争条件，我用哈佛大学主导教育改革的推手汤尼·华格纳教授所提出的观点加以阐述。

2009年4月8日，华格纳博士为台湾的父母带来了一场“未来关键力”的报告。会上，提到了**未来职场需要的七大能力**：

1. 批判思考与解决问题
2. 跨界合作与以身作则的领导
3. 灵活适应力
4. 主动进取与创业家精神
5. 口语与沟通能力
6. 评估与分析数据能力
7. 好奇心与想象力

华格纳教授对在场上千名的校长、老师、家长大声疾呼，明日世界的两大竞争力量，就是“创新”与“解决问题的能力”。为此，他强调“学会如何学习”，更强调“训练孩子学会提出问题”，这些比在念书过程追求一致性的答案，对新时代的孩子，更具有针对性。

那么让我们先在定义上对“创新”、“解决问题的能力”、“学习”有一些了解。

（1）创新

创新的需求来自于满足自己。创新的动力则是对现况的不满意。

人人都可以创新。创新是每个人追求生活的改善，而付出努力的结果。

创新其实是每个孩子与生俱来的天分。创新是孩子面对问题，又充满兴趣，自然而然表现出的一种本能。但是，达到创新的结果，却需要父母有足够的耐心与坚持。

观察孩子的成长过程最能体会到这一点——你的女儿拿起口红就往墙上画画。孩子不会受到口红原本功能的限制，也不受制于墙壁需要保持干净的规定。对孩子来说，口红、墙壁只是满足她需要的一种选择——一个色彩鲜艳的工具——口红；一面看来够大的画纸——墙壁。

培养创新的能力，一方面要给孩子一颗敢于想象的心，另一方面也需要父母表现出足够的包容。因为，孩子认识世界的方法就是尝试。而孩子的尝试往往与父母的规定是大相径庭的。缺少了父母的包容，孩子尝试创新的行为，被定义成顽皮捣蛋，其结局就可想而知。

（2）解决问题的能力

解决问题的动机来自于对未来充满渴望、对自我的无限潜能充满了期许。

在这里要请父母留意一个问题——培养孩子解决问题的能力，关键不在孩子有没有能力，而是孩子对自己有没有信心。当孩子对自己充满了肯定，认为自己能够处理好这件事，在面对问题时，就会锲而不舍地不断尝试，最终找出解决的方法。

观察孩子在游戏中的表现，不难发现每个孩子都是解决问题的高手。没学过或者不了解，这些难题对于孩子一概不存在。浓厚的兴趣导引着孩子一步步走进游戏的殿堂，使他们一点一点地克服了所有的困难。这个观察结果值得父母去思考，如何找到正确的方法来协助孩子建立自信。

对自我的肯定，对问题保持浓厚的兴趣，对结果充满渴望，才是培养孩子解决问题能力的主要途径。

（3）学习

学习的动力来自于好奇，好奇源自于“我”渴望获得更多的满足。好奇使孩子对这个世界、周围的环境，对接触的人、事、物产生了不断学习的动机。

一旦好奇的动机被阻断，例如孩子常会不停地问为什么，却没有得到积极的响应，或较大的孩子对周遭事物表现出好奇时，却受到父母的斥责，都可能抑制了孩子好奇的力量。

再有，在成长过程中常得不到满足，也会让孩子的好奇受到压制。孩子的学习动力与获得满足的程度，是相对应的。培养孩子的学习动力，应当从满足孩子的需求入手。父母在拒绝孩子不当要求的同时，如何满足孩子的需求，找出这中间的平衡点，值得家长细心观察。

孩子对自我有了足够的认识，清楚自己的喜恶，了解自我的兴趣，表现在学习上，才能有所追求、有所坚持。学习，是个蛮有趣的行为。每个人都知道学习要付出艰辛的代价，但在学习过程中，却也在很大程度上满足了每个人对自我的期望。持续的学习成就了许多人一生的精彩。

就是在这里，特别需要提醒父母，学习是一种态度，而不是专指学校的课业成绩。也就是说，学习的建立是在生活中培养出的。**这需要父母在两方面作些配合：**

一、从小就常请孩子表达自己的看法。

二、对孩子的看法不要太快作出判断。

举世闻名的科学家爱因斯坦常说，提出一个问题往往比解决一个问题更重要。孩子表达出自己的看法，就已经拥有了正确的学习方法。

不对孩子的看法作出判断，只是给予鼓励，能让孩子从不同的角度涌现出更多想法。学习的动力，是从有了一个想法，却找不到答案而引发的。

当孩子对自己有了足够的认知，知道自己的需要，知道自己的追求，知道自己对某一件事充满热情：

创新，将在一个被满足的心里，迸发出来；

解决问题的能力，也会在孩子的热情追求中，被历练出来。

乐于学习的态度，就在这个需求被满足带来的成就感，推动着去挑战另一个新的需求中，一步步培养出来。

孩子的世界在迎向未来。

今天教育孩子的方法，将成为孩子明日的行为与能力。这提醒父母，今天，很多教育观念都需要转变。

正确的观念是生命中最有价值的财富。所有翻开这本书的父母，敬祝您能从书中的字里行间，理出自己的智慧，并找到教育孩子迎向未来的好方法。

也祝愿天下父母，在使用书中智慧的钥匙时，能收获更多的欢乐。

赵崇舜敬上

第一章

大多数父母vs智慧的父母

在使用这本书之前，让我们先对比一下，大多数与智慧的父母，在培养孩子的观念、方法上面，二者之间有何不同。本章用小标题形式列举了大多数父母在教育孩子的过程中经常出现的五个问题，也可以说是五个最为常见的误区；而用其余的篇幅展现出智慧的父母的做法。对比如下：

一、大多数父母：要求子女言听计从

★智慧的父母

从小培养孩子清楚自己的天赋及需求，敢于提出自己的主张。

这看似复杂的任务，只需父母在生活上及学习上常常请教孩子，协助孩子提出问题，就能轻松做到。

请教孩子能展现出两种成效：

一是让孩子肯定自己。没有比来自父母的请教更能增强孩子的信心。

二是鼓励孩子在现状之外，还可以尝试找出不同的观点。

例如：

“我看你在念书上好像很轻松，很有自己的办法。能不能请教你是怎么做到的？”

“帮忙想想看，如何改善家里的开支。平时你总是有许多好方法！”

二、大多数父母：只看考试成绩

★智慧的父母

孩子找到自己的兴趣，比考试分数的高低更有意义。

智慧的父母不是那么看重考试成绩，反而希望从考试结果，改进孩子的学习方式以及学习习惯，从考试的结果去发现孩子——是对试题的理解不足，还是心情上的紧张？也会请教孩子，这次不会的题目，找到改进的方法没有？

这么做，不仅对与孩子建立情感大有帮助，更能培养孩子积极正面的思考习惯，以及面对结果，敢于改进的勇气。

在生活上观察孩子的性向。智慧的父母用生活中的事引发孩子的学习乐趣，让孩子了解到，学习的目的不光为了成绩，更是为了找到自己渴望得到的答案。

找出孩子的长处，随时给他发挥的机会，鼓励孩子，为了满足自己的兴趣，要不畏艰难地去找寻答案。这是人生的考试，只有这样，长大了才能从自己的兴趣里开创精彩的人生。

例如：

“孩子，我跟你一样耶！也非常喜欢电影，每次看电影都觉得很精彩，才花几十块钱代价，就可以看别人花几亿拍的内容，真划算。你对电影有什么想法吗？”

“乖女儿，你要不要试试用钢琴来表达心中的感觉？想想看，高兴的时候你会怎么弹？情绪不好的时候，你又会怎么弹？现在，感觉一下，你和妈咪一起在香港玩，这时候弹出来的声音、节奏你觉得是怎样的？”

三、大多数父母：要求孩子每天生活在念书、考试、写作业当中

★智慧的父母

提供孩子多样性的刺激元素，培育出思考敏捷、反应灵活的大脑能力。

智慧的父母相信，参与家事的过程，可提供孩子刺激脑力运作的丰富元素。

例如：

把全家的预算交给孩子，由他订立分配的金额及管理模式。

让孩子安排一次出外旅游，全部的行程及花费，都听由孩子来决定。

谁的生日到了，准备什么礼物，考虑到哪里吃饭，这些事都可以请孩子帮忙。

※当孩子遇到困难时，父母仅提供思考方向，由孩子自己去找出完成方法，这可锻炼孩子解决问题的能力。

四、大多数父母：承担起家中所有的责任与问题

★智慧的父母

尽早让孩子了解家中发生的大小事的原因，并请孩子参与决定。

智慧的父母常把家中的现况，对孩子未来的安排及在外处事的经验，找时间多与孩子交流、沟通。

我见到过许多单亲家庭的孩子，有的特别的乖巧，有的则敏感、胆小，也有性格顽劣的，但是在我看到的问题只有一个，那就是——恐惧。

单亲的孩子常会掩饰心中的想法，因为没有人清楚地告诉孩子家中发生的变化。害怕哪个亲人又突然离去的恐惧，让多数单亲孩子表现出讨好他人的行为，也有部分孩子，用愤怒或是搞怪作为发泄，让人觉得是问题孩子的案例。

与孩子共同生活的父亲或母亲，千万不要有发生这种事很对不起孩子的想法，家庭出现状况，父母越早与孩子沟通，越能够消除孩子因猜测所引发的恐惧，同时也能避免孩子行为上的扭曲。

智慧的父母会邀请孩子一起共渡难关，请孩子分担家里的责任。这么做，孩子的感受——在最困难的时候你信任我，也需要我（我在家里帮了不少忙），所以你也绝对不会离开我。需要，让孩子看到自己的价值，就比较容易化解孩子的担心。

常说穷人家的孩子早当家，也是这个道理。家里发生点什么小状况，让孩子去解决，例如门把坏了，灯泡不亮了，厨房要来个大清扫，对孩子都是

不错的学习内容。

五、大多数父母：常用指责、批评、比较方式教育子女

★智慧的父母

善用赞美的力量，因为赞美能帮助孩子乐于把对的事情再做一遍。

指责只会起到反面的效果。每当孩子遭受指责时，往往只留下愤怒的情绪，却忽略了从错误中吸取经验。

智慧的父母懂得运用鼓励的力量，鼓励孩子在学习新事物时勇于尝试，并发现学习的乐趣。

这群常表扬孩子的父母，深刻地了解到正确的表扬，让孩子清楚父母的期望，并从中找到正确的前进方向与方法。

“比较”最容易刺伤孩子的自尊，所有的比较都造成孩子的反感与反抗。智慧的父母在看到其他孩子的优点时，懂得用有建设性的提问，请教孩子有哪些是值得学习的。例如：“孩子，你怎么看这个同学的表现？”

或是，“孩子，能不能请你说说刚才那位孩子的优点？”

也会这么说，“乖宝贝，你看别人刚刚这么做了，做得怎么样？能不能请教你对方的优点。要是你来做，你会怎么做呢？”

※ 善用正确的提问引导孩子自己去思考，不仅训练了孩子正面的思考能力，更让孩子从欣赏他人优点中丰富了自己的人格魅力。

上述的大多数父母与智慧的父母，在观念及方法方面不同的五个案例，说明了一个重点，教育孩子，如有过多的干涉，不当的控制，往往抑制了孩子的成长。

每个孩子，都要经历探索，才能对自己有充分的认识，留下对自己有益的经验。掌握了这一点，父母就能找到协助孩子的最佳方法。

需要提醒的，父母与孩子沟通，凡是批评的、判断的，尤其是负面的用词，多数内容将会保留下来成为孩子的记忆。

记忆决定情绪。记忆的内容，是父母的肯定、对长处的表扬，孩子就容易形成对自我的信赖，表现在行为中，会有爱护自己身体，爱惜自己的名声，并勇于面对缺点加以改进的能力。

另外，情绪的处理形成孩子的行为模式及人格特质，有积极情绪的孩子较容易与人相处，也具有较高的抗压力，因此常能表现出领袖的特质。

孩子的记忆对于负面的指责，尤其是来自父母的批判、严厉的打骂，常会留下烙印式的永久刻痕，导致这些孩子显现出畏首畏尾，害怕表达真实想法，以及掩盖自己的错误行为等等逃避心理。这一切，教育方式正确了，是可以避免的。在此，请求所有的父母优先建立起一个十分重要的观念：

孩子的行为永远没有对错，只是呈现出一幕幕探索自我的场景。

父母的斥责、批评、比较，都可能在孩子一生中，留下错误的自我认知，造成长久的伤害。

祝贺正在阅读这本书的父母，因为就在阅读之中，您已经为做好智慧的父母付出准备了！

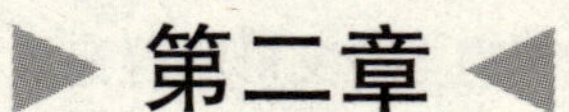

第二章

父母与孩子建设性的沟通

一、父母学堂设计的目的

自本章开始的每一章节后，设计有一个“父母学堂”，提供给父母在阅读完这一篇之后，总结自己的收获。另外，在提示的栏目里，我特意从不同的角度来看问题，其中的内容希望能作为父母多方面的参考。

“父母学堂”的最后，都附上“父母心得记录”，寄望父母将教育孩子的心得做些笔记。日后，网站成立了，这些教育孩子的心血，通过网上发表，对其他父母该是最有价值的参考数据了！

让“父母学堂”成为父母与孩子之间交流以及成长，最珍贵的记忆。

二、父母常表现出的四种错误沟通形态

亲子之间的障碍，主要问题就在沟通与表达。父母常表现出的错误沟通形态，主要有以下四种：

●高高在上型

父母的话永远都是对的，既不容批评，也不容怀疑。孩子不听也得听，不做也得做，总是要求孩子乖乖地照着父母说的话去做。反正父母作的一切决定，都是为了孩子好。

这一类型父母需要留意，父母的强势作风，剥夺了孩子在建立自我认知方面的成长机会。造成的影响——会令孩子缺乏自信以及害怕表达真实的想法。结果是父母永远不清楚孩子有些什么想法。

●危言耸听型

从小时候恐吓孩子：

“不听话，就叫警察把你带走。”到孩子大了，内容改为：

“你要是不听我的，你就给我滚。”或是，

“你要再不好好念书，将来你去要饭吧”。

做这类型家长的孩子，从小到大听到的都是恐吓，从来没听到父母说出对孩子的赞赏与期望。

长期处于负面认知下长大的孩子，心理上受到父母暗示的影响，认为自己真的不好、不行。另一方面却又渴望证明自己的价值，造成孩子的抗压性相当差，一点点冲突，就容易引发孩子爆炸性的愤怒。

●部队指挥官型

要所有人听他的。这类型父母对任何事都成竹在胸，穿什么听父母的；交朋友要父母喜欢的才能交；什么时间做什么事，听父母安排；考什么学校，父母的判断绝对比孩子高明。

孩子在家里的一言一行，包括怎么吃饭，怎么坐，怎么说，父母随时随地都有一堆的指示。家就像部队似的，从不享有自己的发言权，父母成了最高指挥官，家中一切事情，不分大小，巨细无遗，反正都要听父母的。

命令是许多家庭最常见的教育方式。因为命令式的教育最简单，也最能展现父母的权威。父母不必绞尽脑汁去想方设法，找出孩子问题的症结。一道简单的命令，所有的问题立刻得到解决。这是多数家庭之所以采用命令方式，管教孩子的原因。

这个看似简单、有效的方法——命令式教育，留下的后遗症则是孩子的情绪受到了压制。当孩子到了十七八岁时，父母就要付出代价了。

父母口中常说的叛逆期，其实只是孩子对命令式教育的一种对抗。此时的孩子已经有了自我的主张，不再甘于对所有的命令言听计从。

孩子坚持自己想这么做的改变，父母惊吓的不知接下来该如何处理，那个原先乖乖牌的孩子，怎么一下子就变样了呢！

●录音机型

这类父母只要开口就像录音机，总是播出相同的一套内容——我们是如何爱你，如何的处处为你，父母付出了许多代价，作出了多少牺牲。

更糟的是，内容从父母结婚到婚后如何艰难，到省吃俭用的只是为了你，而孩子做的事又是如何伤父母的心等等。每当孩子犯一点错，录音机就从头播放一遍。

这样环境下长大的孩子，在接受爱与表达爱方面，常会显得笨拙，因为从小到大，父母表达爱的方式，给孩子带来了莫大的压力。

逃家的孩子中，这类家庭背景的孩子占了绝大多数。因为面对父母的付出与辛苦，让孩子时时刻刻感觉到自己的不孝，也很没用，却又无力改变。可是父母的唠叨又令人烦不胜烦，逃家成了孩子无奈中的唯一选择。

上述这四种类型的父母，他们都有一种共同的不平心态——我们为了孩子付出的代价最多、吃的苦最多，操孩子的心也最多，为什么教养出来的孩子反而最让人伤心?

是的，那就让我们就从“父母学堂”开始教育孩子的探讨之旅吧

父母学堂——父母常表现出的四种错误沟通形态

沟通的目的是为了与孩子达成共识，排除孩子的压力。

提示:

针对父母与孩子沟通常会发生的障碍，下列的两项原则或许可以为父母带来一些帮助:

A. 清楚与孩子沟通的“重心”是什么

许多父母在沟通的过程中，常将赞美孩子与批评孩子的内容讲得混淆不清，让孩子不知道父母说的重点是什么。

每次的沟通一开始，先让孩子清楚父母表达的重心在哪里，是要孩子重视自己的长处?找到自己犯错的原因?还是希望孩子能够在功课上用心学习，考出个好成绩?父母在沟通一开始就先点明主题，这能帮助孩子清楚目前的处境，努力的方向。孩子越清楚主题，越容易理清思绪。达到帮助孩子的结果，沟通才有价值。

父母一方面批评孩子刚刚发生的错误，却又夹杂着叙述孩子过去的陈年旧事。让孩子每次与父母沟通只会觉得旧调重弹，累积反弹的情绪。

一次只有一个目的，一次沟通一个重点，就能让父母在每次的沟通上达

到预期的结果。

清楚的重心，一则让孩子掌握住父母沟通的范围，二则让孩子明白在行为上表现的重点，以及如何做，孩子才能找到与父母彼此都满意的结果。

B. 透过沟通，预计带给孩子的“收获”是什么

给孩子不同的思考角度，打破孩子的保守？还是在做法上，父母提出一些方法，让孩子更有信心？或是对孩子的言行举止，起到一些规范的作用？父母在与孩子沟通前，最好能先想清楚对孩子带来的收获有哪些？

父母能从协助者的角色，提出对孩子有帮助的改进建议，不仅不会引来孩子的反感，反而更能赢得孩子的信赖。

每次在与孩子沟通前，父母如事先考虑到“重心与收获”这两点，对建立和谐亲子关系，相信可以起到事半功倍的效果。

沟通内容：

学会用正确的方法思考，面对每件事及自身的行为，那真是孩子一生的福气。这也正是父母在教育子女中最重要的功能。

请教孩子，每当父母不小心有了上面列举的四种类型父母，其中的一种态度时，孩子有些什么感受？

父母们可以思考一下，过去与孩子沟通时，是指责多些还是帮助孩子找到收获多些？

想想看，我们的父母在养育自己的过程，曾经留下哪些一生受用的教诲，为什么会让自己记忆深刻？是在什么环境下造成的？

三、智慧的父母如何与孩子沟通

我常问自己，我能为孩子做些什么？尤其在接触了数万名父母与孩子的案例之后。大约事隔一年的时间，这个问题才有了具体的答案——协助孩子建立正确的价值观，以及对自己的肯定。

价值观能够让孩子在混沌不明的处境，知道自己的立场。在成长的过程，敢于独排众议，选择做对的事。简单地说，就是教育孩子知道该做什么事，和不该做什么事。

孩子对自己的肯定,换言之,就是建立孩子的自信心。孩子知道该做什么，只是父母教育孩子到达了半途，如何不让孩子的人生半途而废，靠的就是孩子对于自己的自信了。

孩子拥有了对自己的信赖，才有机会，将知道该做什么，用坚持的信念，化为具体的结果，最终呈现出孩子精彩的一生。

智慧的父母该如何做到，带给孩子正确的价值观与自信呢？本章提出的方法——建设性沟通。

建设性沟通与一般沟通的不同之处，可以从字面上这样理解：

“建”是建立正确的观念；

“设”是设定有效的方法。

意指在与孩子沟通、交流的过程中，父母要预先设定希望达成的目的。并提前设想，自己的孩子在性格及习惯上有哪些特点，要用什么样的方法最能够帮助到孩子。

在进行建设性沟通上，有几点值得父母注意：

1. 每次沟通只有一个目的

父母与孩子在沟通时，切忌在沟通过程中表达太多的标准、太多的观念。一次只有一个目的，更能帮助孩子清楚每次的重点。

例如：

看电视这一件事，就有看的时间、节目的内容、什么时候看、放假日是不是可以看的久一点，这么多问题。父母沟通的目的是希望孩子自己把握好时间，以及保护好视力，那么就请父母针对这两点，让孩子明白父母的原则及规定即可。

孩子清楚每天可以看多久时间的电视，这与保护眼睛有关。一旦与孩子沟通清楚，记得请孩子再次表达这个决定，也就是让孩子自己说出，每个礼拜，他希望看的电视节目，及每天看电视的时间是多少。那会让孩子记得是自己说出的遵行标准。

等到放假日，再来沟通在假日看电视时间的规定。也请父母等看到孩子正看的节目不适合，告诉孩子不适合的原因是什么，绝对来得及。

当父母与孩子之间的看法有所差距，请父母完整地表达怎样的约定才是对孩子有帮助的。当然，也请给孩子相同的机会，表达自己的看法。

最忌讳的方式，父母在沟通中，一味地批评，指责孩子在过去的表现，或者提到孩子在成绩上面的短处，这就造成了沟通的障碍，也失去了沟通中的聚焦效果。

父母学堂——每次沟通只有一个目的

一次只有一个目的的沟通技巧，能让孩子不去猜测父母的想法，这能大大地缩短孩子从接受到改变的时间。

提示：

父母可以针对孩子在生活中较常发生的现象，进行一次只有一个目的的沟通练习。这包括一个清晰的主题、一个孩子做得到的标准以及如何做的方法。

沟通内容：

对父母的孝顺、对师长的尊敬、对长辈的礼节、念书时间的安排、交友的选择、对异性的好奇、做任何事的事前告知、犯错后的改进、行为上的偏差、生活作息的规范、诚实的价值、健康饮食的培养、做事的态度、做人的品德、个人卫生的习惯以及遵守社会规范等等。

举例：

“可以请你给我十分钟时间吗？”父母对着孩子请问着。多数孩子都能接受这样的说法，也会附和父母的要求。父母接着说：

“可不可以说说你念书的时间是怎么安排的？”一个清楚的主题，一个没有预设立场的请教。

父母心得记录：

PS：太多父母问到我，在家中对孩子说话，需要这么礼貌吗？

我的答复：是的。礼貌是每个人需要具备的基本态度。父母表现出对待孩子应有的礼貌，孩子从小自然就养成礼貌的习惯。

礼貌能为每个孩子带来两种收获：

1．礼貌成了孩子表现在生活中的一种品德，走到哪，都受人欢迎。

2．养成礼貌的孩子，对自己有较高的评价，以及不容易受到他人教唆的自信。

2. 多用感性的语言

所有的孩子都不喜欢听父母讲道理，孩子们更喜欢听到来自感性的表达。什么是感性？表达内心真实感受的语言，例如：我很喜欢你，心里难过吗？我爱你，这件事让我好难过，我喜欢你抱着爸妈的感觉等等。

又如最简单的例子，多数父母喜欢问孩子，“吃饭了没有？”

表面上是父母关心孩子的健康，但用字遣词却藏有责备的意思——孩子有没有按时间吃饭、为什么没好好吃饭等，有暗示孩子没能遵守规范的指责含义在内。

其实用感性的语言来表达就显得更贴心，例如说：

“肚子饿不饿？”

“你觉得想吃饭了吗？”

善用语言的力量，直接指出孩子的需求，让孩子感受到来自父母真实的关怀，却不包含任何的指责或要求。

同样地，对孩子生活上的关怀，也有以下表达方式可供父母参考：

“今天上学累不累？”

“念了一整天书，你看起来好像不开心？要不要先休息一下呢！”

“你是不是想考虑一下呢？很好呀！”

“你是不是心情不好啊？那我们能为你做什么呢！”

用感性语言表达，最有价值的地方——让孩子感受到没有权威、没有辈分，只是父母的真心关怀。

父母学堂——多用感性的语言

感性的语言能拉近与孩子的距离，并清楚地传达出真实的感受。

可是在日常生活中最常听到的例子却是：

“看你，感冒了吧，活该！叫你衣服多穿一点，你就是不听，现在生病了是不是！真是自己找罪受。”

父母想表达的真正意思，希望孩子注意自己的身体，但是在内容上，让孩子听了却觉得父母一点都不疼我、爱我。

用感性的方式表达相同的看法，就显得轻松温馨许多：

“看你，有点发烧了！需要帮你拿一件衣服吗？觉得不舒服，要记得告诉我。”

提示：

请父母不妨思考一下，在生活中，对于孩子的哪些行为可以运用感性语言，来表示真心的关怀。

沟通内容：

安抚孩子的情绪、生病时的安慰、遇到困难时的支持、挫折后的鼓励、学习上的低潮、成长过程的尴尬、对自己容貌身高的抱怨、对家庭环境的自卑、看到同学长处时的不知所措。此时都是父母应用感性沟通的最好时机。

举例：

“看到你难过的样子，让我也好难过。想要找人聊天的话可以随时找我，好吗？”

“爸妈记得小时候也对自己的外貌不自信，当时还挺难过的。你想要跟爸妈说说你的感受吗？”

PS：如何表达感性的语言，父母一开始或许没有把握，这个十分正常，因为多数父母习惯了命令孩子怎么做。改变需要时间，更需要一点点鼓励。开始时，父母不妨请孩子从旁协助，每当父母做的有一点进步，就请孩子给点鼓励，相信对父母的改变会带来意想不到的效果。

3. 把沟通的焦点放在对孩子的关怀上

在问题孩子的背后，常看到父母在教育孩子的方式上，使用了过多的指令及限制性的语言。

例一：

“不要再玩了！你已经浪费了一个多小时，该念书了！”

在这句话里，父母传达了一个指令“不要”，以及限制性的语言“该”念书了，在指令及限制性用词的背后，隐藏了父母对孩子把书念好的期许，其实用关怀的方式来表达，更能够让孩子感受到父母的期许：

“父母非常高兴看到你可以忘记压力，痛痛快快地好好玩一玩。但是请你自己注意该做好的功课，可以吗？”

教育孩子最终的目的，不是父母说什么孩子就做什么。而是培养孩子对自己有充分的认识。一旦孩子习惯于完全听从父母的指令，代表孩子对自己的放弃。这是多么大的悲哀！

孩子放弃了对自己的管理，也同时会放弃了对自我的期望。许多父母不仅无法感受到孩子的无助，反而庆幸自己的孩子这么听话。一直到有一天，孩子得要承担责任，孩子必须自己作出决定。那时候父母才发现，从小到大的教育彻底失败了！孩子不愿意承担责任，也宁愿等着别人指挥他，父母后悔却为时已晚。

例二：

“你好像还没长大一样，叫你做什么都得父母三催四请！”

这句话里，父母不经意地发出限制性的暗示“没长大”，而父母想表达的真正含义其实是：希望孩子能够积极一点，对自己负责任一点。

用建设性沟通的方式来表达，相同含义的话可以这么说：

“父母相信你可以把这件事做得很好，怎么样呀？你自己考虑看看该怎么开始，可以吗？”

希望孩子积极，那就请父母在表达的内容里加入对于孩子的鼓励。父母寄望孩子学会负责，父母就要帮助孩子相信，这个责任孩子不仅做得到，还会做得很好。

当孩子感受到自己是受到父母重视、关怀的，父母所传达的任何讯息才能够在孩子的心中引起共鸣，产生结果。

父母学堂——把沟通的焦点放在对孩子的关怀上

父母的用词是鼓励与积极的，孩子自然会感受到父母的关注。

提示：

负面表达的坏处，孩子无法从父母的表达中看清楚自己的问题，却感受到父母带来的压力。每次的沟通，父母如果先表达关注的焦点，以及希望看到的结果，这将会为孩子带来两个好处。

一、孩子理解到父母对自己的关怀。

二、清楚父母对自己的期望。而每个期望，都是孩子努力的方向。

沟通内容：

请父母尝试着用关怀的方式与孩子沟通，例如：

“考的成绩不好，没关系啊！想想在这次考试里的收获是什么，好吗？”

孩子在功课上的困扰——考试不及格、偏科。

行为的偏差——早恋、打架、逃学、撒谎、偷钱、沉迷电玩、熬夜。

生活中的言行——沉默寡言、行为孤僻、有暴力倾向。

待人接物的态度——对长辈不礼貌。与人的相处，交朋友的取舍，花钱的方式等等。

过去教导孩子的内容与方式上，是批评得多、指责得多、比较得多，现在把沟通的焦点集中在对孩子的关怀上，有哪些值得父母们去思考。

4. 鼓励孩子表达真实的感受

孩子随时随地敢于表达真实的感受，这需要父母在日常生活中懂得包容孩子的行为。当孩子在父母的面前无需隐瞒，才能为孩子的真实表达铺设出一条道路。

真实是建立良好品德的基础。真实与诚实不同，诚实是面对事件发生时的一种选择。诚实是对外的，而真实是面对自己的。

多数父母要求孩子诚实，但在日常生活中，父母的行为、语言却抑制了孩子表达真实的想法。如果没有真实的人格作为基础，诚实的行为有时候只是迫于环境上的压力，所不得不作出的选择。

为此，建议父母在与孩子交流时，优先建立几个简单的原则，在沟通过程才能达到鼓励孩子，勇于表达真实感受的结果。

（1）认同

放下父母的标准、规定，孩子就愿意表达真实的感受。表达自己真实的感受，那是孩子成长过程最珍贵的时刻，做父母的千千万万要珍惜这个宝贵机会。不对孩子的行为判断对错，也请放下批评，此时此刻，父母只需要“认同”孩子说出的任何内容。

建议父母对孩子采用以下的响应方式：

“是的，我了解。”或回答：

“是的，我和你一样的感受。”

“是的，我可以理解你当时的想法。”

有些父母在上课时听到这一段,忍不住请问我:就算听到孩子犯错也要说:是的？我的回答：是的！

孩子正说着事情的经过，父母一顿批评，请问父母，孩子做这件事的前因后果能清楚吗？只有掌握孩子真实的想法，父母才有机会，提供给孩子正面的建议。不是吗？

许多的父母听完，当时还存疑，等回家运用了这个方法之后，往往惊讶地回来告诉我:“真的好奇怪！平日里怎么说孩子，他都不听，甚至还发脾气。这会等我拿出学到的方法，还真管用。孩子看我用心听他说，也没指责，也没批评，孩子说完，居然自己告诉我，他知道该怎么做了。”

真实的本身就带有修正的力量。面对自己的真实，就能找到前进的方向。这就是为什么协助孩子表达真实是如此的重要了！

（2）接受

接受孩子的现况，接受孩子的笨拙，接受孩子的反应比别人慢，接受孩子的成绩不如人，更重要的，接受每个孩子的与众不同。太多父母与孩子之间的矛盾，原因就在于强迫孩子接受父母的标准。

接受，父母教育孩子最难做到的就在“放下”。放下父母的规定，放下父母的标准。当父母放下了要求，父母才有机会看清楚孩子真实的原貌。孩子只有在父母的接受中，才有机会找到无拘无束真实的自我。

来上我课的家长，课程一开始，我总先发给每位家长两张纸，并请家长分别写下孩子的优点和缺点。很奇妙，在几万名父母身上，我都看到相同的现象——写缺点时，父母个个奋笔疾书，换成写孩子的优点，各个家长是笔若千斤，不知如何下笔。

有的家长就直接嚷嚷“我的孩子还能有什么优点，不把我气死就算不错了。”

一个没有人欣赏，没有人接受的孩子，他的难受可想而知了。在这样环境中成长的孩子，我们还能寄望他对自己有什么要求、有什么期望？这就是造成问题孩子的主要原因。

接受是有意义的。接受代表了那个被接受的孩子是有价值的，是有希望的。只有当孩子感受到父母的接受，孩子才会感受到自己的存在，也才能对自己的未来有所期望。

小强，高三的学生。“每当拿到成绩单总是心往下沉，可以想象今天晚上的惨境了。老妈肯定是哭红了双眼，还一边为自己讨饶，因为每次老爸看到成绩单，对我就只有满头满脸的一顿毒打。

他，我的爸爸从小就是我们全家族的榜样，成绩没得说。进入社会，也是一帆风顺，每个人都以他为荣。这也是为什么我被打的这么惨的原因，因为老爸认为我丢了他的脸。”

“可为什么没有一个人，愿意听我说呢？他是他啊！我又不是他，干吗每次拿我跟他比。我在表演上面的才能，为什么就没人能给我一点点支持呢？”站在家中十一楼阳台上的小强在心中呐喊着……

这是一位孩子在跳楼前告诉他同学的话，可惜他的父母再也无法挽回了！

是什么样的痛苦，让一个孩子无视于站在十一楼的恐惧？是如何的心灰意冷，让孩子最终走上了绝路？写到这，心都痛了！

接受孩子的真实，真的这么困难吗？还是父母放下自己的标准，放下对孩子的控制，才是困难的所在？值得每位父母好好地审视一番。

孩子在成长过程，拥有表达内心里真实感受的权利，才能拥有一颗肯定自己、喜爱自己的心。

肯定自己与喜爱自己的孩子，对每一个明天充满了希望。这正是敢于尝试、冒险、创新力量的源头，这也是明日世界必备的竞争优势。

接受，让每个孩子知道自己的存在，接受每个孩子的不同，也让这个社会充满了无限精彩。

是的！请接受我为每个孩子的请求，请求所有的父母从现在开始“接受”，那会帮助每个孩子，找回那遗忘许久的笑容。

接受，让孩子的现况无需躲藏，现况就成了孩子改变的垫脚石。

接受，让孩子清楚自己的位置，不论好的或坏的位置，在孩子接受的那一刻起，每个位置都可以是孩子新的起点，一次前进的开始。

肯定孩子所拥有的，赞美孩子的表现，鼓励孩子欣赏自己的特质，用心完成自己力所能及的每件事，这些，都有赖父母的接受。

父母学堂——鼓励孩子表达真实的感受

在生活中常给予孩子认同及理解，孩子的真实自然就流露出来了！

提示：

孩子的真实是与生俱来的，父母只需在孩子表达的内容上，随时给予鼓励，接受而不批评，信赖而不怀疑，就能协助孩子表达出真实的感受。

沟通内容：

请孩子说说对父母的看法，例如看电视的时间、给零用钱的方法、念书时间的安排。也听听孩子的想法，像是父母交办事情，孩子安排的完成时间。做错事，孩子选择何时向父母坦白，任何事情都尝试着请孩子表达想法。

还有一些例子：

“很好呀！想哭就哭出来嘛，爸妈遇到不如意事也会哭呀！”

“你说父母管的有些事让你不舒服，你可以说出来啊，试一试好吗？”

“你是觉得不公平吗？那你的看法呢！”

“好啊！如果你自己觉得安排这个时间念书，对你的效果最好，那就自己决定了！”

PS：孩子的真实，是了解孩子此刻观念、此时心境的最佳时机。许多父母常说不了解自己的孩子，其实是父母在与孩子交流沟通过程中，较少认同或接受孩子原汁原貌的结果。

5. 孩子的提问令父母不知所措时，智慧的处理原则

多数父母们都曾遭遇过这种尴尬，对孩子提出的问题不知所措。其中涉及的范围，有生理方面的、父母之间亲密的行为，有时还会问，老师的举止恰不恰当？以及对家中长辈的疑问，诸如此类的提问。

有时候在回答孩子问题时，表达的尺度真是让人伤透脑筋。因为父母要思考的不仅是答案的正确与否，还要兼顾到孩子的年龄，以及牵涉到的人与

孩子之间的辈分、伦理等顾虑。

当父母遭遇到孩子提出类似的问题时，建议运用以下几种方式：

（1）请教孩子对提出的问题有没有自己的看法？

（2）用以下几种对应的方法，能帮助父母作出更好的回应：

“爸妈看到你懂得如何思考问题了。”——正面的肯定。

“噢，爸妈很高兴你能够勇敢地说出自己的观点。”——鼓励孩子的行为。

“爸妈觉得你看问题的角度很真实。”——认同孩子的观点，但是不加以批评。

“虽然爸妈听到你对长辈有不满的情绪，但更高兴你能够诚实地表达自己。”——父母说出看法，但也让孩子清楚父母看重哪些行为。

面对孩子的提问，请父母先建立一个重要的观念：对孩子来说，父母是否提供具体的解决方案，不是他关心的焦点，孩子最关心的只是父母对他的重视程度。

重视孩子的提问，可以提高孩子对自己的认知，并且还能提升孩子的学习热忱。表现重视孩子的方法，最简单的原则——父母放下正在进行的任何事，孩子立刻就了解到父母对他重视的程度。

一些需要注意的技巧，请父母稍加留意。

保持与孩子眼睛可以看眼睛的高度。孩子还小，父母较适合蹲下来；孩子已经高过父母，则建议找个可以面对面的地方坐下来。

听孩子说出完整的内容，并且等到孩子提出问题，父母才适合回答。父母时间上来不及，也请记得给孩子肯定式的答复。

“虽然很忙，但是爸妈很高兴听到你找我们问问题。”接下来才是响应处理的方式：

“爸妈可以请你等我们回家后，坐下来再仔细谈这件事吗？”

父母面对问题的反应以及如何做的态度，是回答孩子问题最重要的关键。

父母学堂——孩子的提问令父母不知所措时，智慧的处理原则

每一次的提问都代表孩子关注的焦点，以及背后隐藏的困惑。教会孩子从提出的问题中，找到正确的思考方式。

提示：

在父母的记忆里，孩子曾经有过哪些令人不知所措的提问，当时是如何回答的？现在，父母又会有哪些修正或调整呢？

举例：

女儿问："我为什么长得跟男生不一样呢？"

男生问："我上厕所的方式为什么跟妈妈不一样？"

"我讨厌上学！"

"我们老师就是对我不公平！"

"为什么我不可以跟妈妈睡，爸爸为什么又可以呢？"

孩子对爸爸说："爷爷为什么说你小时候令他很伤心、很难过？"

"我就是讨厌爸爸！"

"我是不是你们亲生的？"

还有太多令父母不知所措的提问，在本书中无法一一举例。重点是父母为孩子树立起正面思考的行为模式，以及积极面对问题的正确做法。

父母心得记录：

_ _

_ _

_ _

▶第三章◀

开启孩子智慧的五把钥匙

为了有效达成建设性沟通所带来的效果，建议父母运用下列五把“智慧的钥匙”来处理孩子的各类行为。

第一把智慧的钥匙：建设性提问

提问的价值：

不在于要给孩子答案，提问拓展了孩子看问题的角度，充分发挥孩子的想象力。最好的提问，让孩子找出自己的方向与方法。

目的：

好的提问，能培养孩子正确的思考方法。换句话说，父母在提问前先想清楚，透过提出的问题，能为孩子在思考上带来的收获有哪些。而提问的方式有以下几点可供父母参考。

1. 提示性的提问：

孩子：我想争取成为班代表，老妈你觉得可能吗？

父母：很好啊！可以听听你接下来会怎么做得想法吗？

孩子：这次班上举办的活动我做的还是不够好！

父母：你已经处理得很棒了，那你希望改进哪方面的结果呢？

孩子：我实在对英文考试没信心，老爸你看该怎么办？

父母：知道自己信心不够，就是一个最棒的开始。是不是可以请教一下老师或是同学呢？

2. 观念上的提问：

三岁的孩子在路上问妈妈说可不可以买个路边的零食吃？

妈妈：你觉得那样做好吗？

孩子为了出去玩，觉得对答应了爸爸的事左右为难。

爸爸：对答应了别人的事，你认为该怎么去处理呢？

孩子为了这次考试成绩不理想显得心情沮丧。

父母：每件事都可以找到好方法，对下次的考试想想看，有什么好方法？

孩子每到考试前都显得紧张万分，生活节奏也搞得乱七八糟。

父母：凡事都提前作好准备，对你会有哪些帮助呢？

3. 行为上的提问：

孩子天性比较害羞，遇到人常常躲到父母身后。

父母：见到长辈你该怎么称呼呢？

孩子的房间又脏又乱，父母已经到了忍无可忍的地步。

父母：你希望自己的房间，看起来会很舒服的感觉吗？

孩子回到家，很明显的看出来和别人打架了！

父母：有什么好方法可以避免和同学的争执呢？

孩子在念书的时候常会分心，出去玩，也放不开。

父母：玩就好好玩，念书就专心念，你觉得这么做好吗？

父母在看完上面列举的案例后，请你把握住其中的要诀，不论孩子的提问或是回答，如何让父母抓狂，都请对孩子的行为表示认同，不然就没有机会听到孩子的真实声音了。

父母回答的技巧需要一点点练习，其实不难，把握住孩子的正确思考方向，让孩子自己找答案，这个原则就对了。

有时候，遇到棘手的问题，例如孩子的态度不好，讲话的措辞不当，父母一时找不出什么方式来协助孩子，可以用模仿孩子的行为方式试一试。

模仿的好处，孩子不会感受到批评、嘲讽的压力，却能达到让孩子面对自己的行为，去发现问题的效果。模仿之后，父母要请教孩子的看法。并让孩子知道，这个看法就是别人对他行为的评价。

效果：

正确提问的奇妙之处，父母只是提出或是导引孩子一个观念、一个方向，由孩子自己去找他要的答案。最后的结果，往往是孩子对自己的决定，锲而不舍地执行到底。

父母也可以借由建设性提问的方式，将自己一生的智慧转嫁到孩子的追求上，却避免了引起孩子的反感。

父母透过提问，帮助孩子找到问题的焦点，也是第一把智慧的钥匙，建设性提问能带给孩子的收获。

请父母现在不妨停下来想想，我的孩子如果发生了类似的状况时，我会怎么处理。

父母学堂——建设性提问

每个孩子的提问都隐藏了无限发展的潜能。面对提问，父母该如何处理？

教育孩子，最困难的部分是找到孩子想要的，并在满足孩子需要的同时，培育出受到社会肯定的人才。

当父母对孩子的想法茫然时，不妨从孩子的提问中寻找答案。许多父母对孩子的提问不胜其烦，只因不知道如何回答所引起。碰到类似状况时，较佳的处理方法——对孩子的提问先给予肯定及认同，接着请教孩子，他有什么想法，之后再说出父母的答复。

例如较小的孩子常对周遭的现象提出问题，父母不知道正确答案也无妨，但是对孩子的提问给予肯定却是十分重要的。

孩子：“天空为什么有白色的棉花？”

父母：“乖宝贝，你问了一个真棒的问题，爸妈喜欢听到你提出自己的疑问。那可以请教你的看法吗？”

上述的案例表达了两个观点：

一是孩子的世界充满了无限可能。提问的背后，呈现出孩子对眼前环境的想法，帮助父母清楚掌握了孩子的认知。

二是父母无需扮演无所不知的角色。请教孩子的看法，往往能起到更好的教育效果。

年纪大点的孩子比较关注自己的个性、长相、交朋友、如何处理关系、对异性的好奇、与父母的相处等问题，并希望得到他人的指导。父母能够主动地关怀，在建立亲子关系上常有意想不到的帮助。

例如看到孩子升上高中后，一反常态地显得不开心，父母适当的关怀，说不定能让孩子找到豁然开朗的感觉。

多多在个性上稍微有点放不开，功课上却一直是他的强项。怎么进了自己理想的高中后，功课明显滑落不说，整个人也显得沉默寡言，让父母都猜不透他心里想什么。这时候父母该如何处理呢？

所有外在的行为都是由心理因素造成的，较好的处理方式，请父母仿效孩子的言行举止，然后请多多说出看到父母行为后的感受。这种做法的好处，借由孩子表达感受的过程，来得知孩子内心的困惑。

提示：

众多父母常对“建设性提问”如何操作表示担心，于其在执行的范围、表达的内容，这两项做起来没有把握。我请父母对定义再作一次确认。“建”是建立正确的观念；“设”是设定有效的方法。

在执行上，父母掌握住一个重点，提供孩子正确的观念，这么做就对了。而找出有效的方法，则请父母从旁观察，但放手让孩子自己去完成。

沟通内容：

对年纪较小的孩子，使用建设性提问时，建议多采用以下方式提出：

“这是为什么呢？”

“你还有什么想法吗？”

“你要不要试试别的方法啊！”

“你觉得赖在地上哭能解决问题吗？”

“可以请你说说好孩子会怎么做呢！”

“你喜欢现在的这个样子吗？”

对较大孩子的建设性提问则有以下提议：

“这是你内心的真实想法吗？”

“透过这次做错的事，你有哪些收获呢！”

“在你作出这个决定之后，要承担哪些责任，自己清楚吧！”

“下次晚点回来请打个电话，免得爸妈在家想东想西，你觉得好吗？”

父母心得记录：

第二把智慧的钥匙：把选择权还给孩子

目的：

人只愿对自己的决定负百分之百的责任。孩子作出了选择，就能在每次的选择过程，培养出自己承担责任的能力。

选择的本身就是针对问题深入探讨的过程。

把选择权还给孩子，视同于让孩子在面对每件事情时，都能够深入挖掘问题、探讨究竟的一种教育方法，也是孩子认识自己的宝贵经验。

来上课程的父母常反映给我：

“我的孩子还小，懂得选择吗？”或是说：

“孩子整天都让我操一百个心，做父母的还要让他自己选择，这样做对吗？”

对于较小孩子的父母我会这么回答：

“你有没有观察到，孩子大约在一岁左右就会作出选择的动作，会的。选择是每个人的天性，从小给予孩子选择的权力，这能培养孩子从小对自己负责的习惯，你觉得这样好吗？”

对较大孩子的父母，我的回答则是：

“过去你的孩子接受你的决定吗？如果任何事都需要父母作决定，你希望到什么时候孩子才能对自己负责任呢？”

孩子面对的每一次选择，都是在思考上，弥足珍贵的训练，请父母别再被孩子的年龄给困住了，现在就开始把选择权还给孩子吧！

效果：

让孩子学习对自己的想法作出选择，选择的背后就是不畏困难、不逃避责任的思考方式。

父母或许会惊讶地发现，当孩子得要为自己的事作出选择，并承担责任，孩子的表现往往出乎意外地令人满意。

给孩子机会去选择自己所要的，对父母而言也是了解孩子思想行为的重要手段。

在这里我要说一个让我都惊讶的真实事情。

仔仔到成都的时候才八个月大，第一次看到仔仔的感觉，眼睛大大的，非常漂亮的一个女娃，不同于其他孩子的地方——太过安静了。

每当周围的大人看到漂亮的仔仔都会伸出手想要抱抱她，孩子的妈妈也都引以为荣地就把孩子送出去。没有人认为这么做有什么不好，但是我不认同。我请孩子的妈妈要学会尊重孩子的选择，当时听到我这么说的人，个个都觉得小题大做，好在我是他们的老师，勉强之余也就接受了我的建议。

我要说的惊讶就从这里开始；当孩子不再需要与外在的环境对抗，孩子可以按着自己的选择作出反应，奇迹就来了！哪怕是八个月大的孩子。

仔仔刚到的时候，身躯十分的瘦小，吃饭时候脾气很大，性格上显得害羞。当仔仔的妈妈开始尊重孩子的反应时，初开始，仔仔碰到别人要抱她，虽说妈妈不再将她递出去，仔仔自己却会对着双手伸在面前的人，张着大嘴，呵呵地笑着，像是表达高兴，也有点像是羞涩的抱歉。然后，迅速地转身，用两手环抱着父亲或母亲的颈部，开心地笑着。

接下来的三四个月，仔仔的改变来得迅猛极了！先是脾气变得好了，吃饭时候也不用磨磨蹭蹭地搞到父母精疲力竭。身体变得胖一些了，对环境中的变化，反应也显得充满好奇，自己一个人常可以独自玩个半天也不闹人。

到仔仔满周岁时，学习大人动作的能力，真是出人意表，大约大人做个四五遍，仔仔就能学会。

过去，我总认为孩子的学习能力要从两岁半，到孩子大脑皮质层发育完全后才会发生；仔仔的表现让我重新学习到，原来这么小的孩子就有选择的能力，这对所有的父母是多么重要的知识。尤其是当孩子无需与环境抗衡，其后改变的速度及行为方面的成长，都让我好好地上了一课。

几天前仔仔的爸爸在电话中向我道谢，我告诉他：我更该谢谢仔仔带给我宝贵的一课。

是的，这是个宝贵的收获——把选择权还给孩子，越早越好。

许多父母害怕让孩子自己选择，说法是孩子不懂事，年纪还小。事实是父母缺乏培育孩子的耐心。父母花时间与孩子沟通彼此的观点，针对孩子的困扰表示支持，陪同孩子去共同找寻答案，父母的收获——三岁前十分钟的沟通，等于长大后花 28 天时间才能带来相同的结果。现在放手让孩子对自己负责，父母将目睹孩子用卓越的性格来形成精彩的人生。

父母学堂——把选择权还给孩子

想想看有多少事情是孩子自己可以作出选择的?

提示:

选择是将尚未成形的想法加以整理归纳的过程。对孩子而言，选择代表将混沌不清的思绪进行总结，并对自己要的结果作出比较。因此孩子在作选择时，需要父母的协助。

请留意，父母协助的范围请保持在提供、归纳正确观念的尺度内。因为每个决定的背后都需要承担责任。帮助孩子建立更广泛的参考信息，有助于孩子在选择时能够作更全面的考虑，但是让孩子承担决定者的责任。这才是本章“把选择权还给孩子”的核心价值。

孩子与父母进行了沟通，也了解父母的建议。孩子依然照着自己的想法作出决定，通常情况下，父母会表现出生气、愤怒等行为。但是较好的处理办法——父母主动表示尊重孩子的决定，并明白告知孩子，对选择背后需要承担的责任要作好准备。

沟通内容:

过去命令孩子把房间打扫干净，现在请孩子选择要如何整理自己的房间。

过去父母要跟前跟后地耳提面命孩子好好念书，考好成绩。现在请孩子选择对自己最有利的念书时间及方法。

过去父母总限制孩子的出游交友，现在则请孩子选择自己的人生，想想将来，想成为什么样的人，孩子或许也就清楚该交什么样的朋友。

父母心得记录:

第三把智慧的钥匙：订立明确的标准

目的：

孩子犯错能帮助父母找出孩子行为中的盲点。

我在每次课程的一开始都大声疾呼——全世界的孩子都没有错。

所有孩子的错误，都是孩子在成长中必然的现象，父母时常对孩子的行为加以批评，严厉的指责，等于阻断了孩子的好奇与探索，带来最糟的影响，孩子不再好奇，就会放弃了学习，也放弃了对自我的期许及认同。

指责总让孩子躲在错误的阴影之中。然后有一天，父母会说：我的孩子怎么不爱学习？为时已晚。

犯错，是有意义的。没有人喜欢犯错，每次犯错都让孩子充满了警觉，并以此为基础来找到正确的路。面对孩子的错误，父母更该如此思考。

孩子在犯错后，其实都清楚发生的原因，父母无需再一次指出孩子犯错的内容。告诉孩子：

“发生错误，是协助我们找出好方法的一种过程。因为你愿意尝试才会发现错误，重点在，透过这次的宝贵经验，你有没有得到哪些收获？”

此时孩子需要父母的指导，弄懂正确的定义，并找出改进的方法，如果再加上按部就班，清楚的计划，这会大大地提高孩子改变的意愿。

父母的接受与包容，能给孩子带来面对错误的勇气，加上孩子清楚了如何做才符合规范的行为，孩子从错误中就增长了有用的经验，能够再制订改进的时间表，这就是一次从错误中成长的完美经验。

我常告诉自己的孩子，交朋友要交懂得反省的人。

“为什么呢？”孩子问我。我说：

“因为只有懂得反省的人，才能在每次错误发生之后，敢于面对自己的行为，并找出改进的方法。这种人的成长经验非常值得我们学习，所以也是值得我们交往的对象。”

或许对孩子而言，这似乎是高标准的难事；但是请父母从另一方面思考，让孩子挑战的难度不是以孩子的现况作为标准，而是要以孩子面对的环境，未来需要具备的竞争能力，作为判别的基准。

父母培养孩子具备这方面的能力，其实不难，只要父母在观念上认同，错误是帮助孩子清楚自己盲点的过程。父母放下对孩子犯错的打骂指责，孩子就能面对问题，养成找出对的方法的思维方式。

或许阅读本章节“订立明确的标准”父母会发现，前面讲述的内容与标题相去甚远，那是我希望父母优先了解：没有孩子的认同，标准十分容易成了父母与孩子之间相互争吵的原因，或是束之高阁的笑话。

最有价值的“标准”，就是以孩子现有的成绩，目前的表现，错误带来的经验，作为起跑线，设定出下一个进步的目标。

很可惜的是，谈到标准，父母常常一下子变得贪心极了——要孩子一步到位地考出好成绩；行为态度上，孩子得有一百八十度的转变；以及最好像是超人，让父母看到孩子一飞冲天的本事。

高标准严要求下的结果；孩子认为父母总是找我的麻烦，我再怎么努力，也达不到父母的标准，父母就是不喜欢我。而孩子的反抗也让父母觉得伤透了心，这些都是父母急于求成的结果。但是，有智慧的父母懂得如何避免。

问题的症结出自于父母订立的标准，如果改进的标准由孩子自己决定，就不至于发生这些冲突了。这就是我在这一个章节，不去大谈标准的原因。

效果：

标准帮助每个孩子养成做对的事，并清楚方式与方法。

2008 年奥运获得八块游泳金牌，美国选手麦克 · 菲尔普斯说的一段话值得父母参考：“唯一指导我的教练和导师巴伯 · 鲍曼，他不只训练我游泳，他还刺激我、鼓励我，而且向我证明，要怎么收获，就要怎么栽。”

巴伯对我的期望也是再简单不过，那是一句话——写再多的字，作再多的解释，拍再多的胸脯保证，不如做出来，做出来才是真的。

是的，孩子的成长，从学会走路，到说话、识字，都是在做的过程中不断犯错摸索才累积出的结果。父母帮助孩子在订立改进计划时，需要注意到：计划的功能是让孩子清楚自己改进的程度，父母千万不要本末倒置，以父母的标准为孩子设立计划、接着又以计划里的目标作为指责孩子的借口，这将会令孩子失去改进的兴趣或决心。

菲尔普斯说：“每一年我都会写下自己的目标，拿给教练，巴伯不管我此刻的成绩看起来有多遥不可及，他就是相信我一定可以做到。”当菲尔普斯打破全美 15 与 16 岁的游泳纪录时才 14 岁，记者问他 ：“有想过游出低于两分钟的成绩吗？”菲尔普斯回答说：“我的教练跟我说，我能够做到。”

是的，只有相信才能将平凡推向卓越。

标准设定好了，诱使孩子积极的配合需要一点点的手段，例如孩子刚开始做，父母可以建议孩子，把改进的目标切割成容易完成的小目标，就像将长途旅程分段，把每一段都变成充满乐趣的小小探索，父母在每个分段里陪着孩子共同改变，分享经验，会令孩子更愿意去改、去做。

但是千万别忘了，只有孩子相信自己做得到，标准才有存在的价值。

父母学堂——订立明确的标准

明确的定义：清清楚楚的每个步骤，以及明白每个步骤的执行方法。

标准的目的：帮助孩子理解，自己可以做得到的结果。

提示：

订立明确标准的目的是希望孩子进步。非常棒！因此请父母先接受孩子的现在。孩子不能感受到自己的现在被接受，孩子就会失去自己的立足点。一个不清楚自己位置的人，进步就毫无意义可言。一艘漂浮在茫茫大海的船，吹来任何的风都可能是场灾难。

一位17岁、长得非常漂亮的女孩，成了报纸社会版的新闻。由于她被社会福利机构托管后脱逃，找到时，浑身酒气，身上带着10000多元，警方怀疑金钱的来源可能涉及性交易。

记者的采访报道说：女孩由于在学校及家庭中都不被认同，单亲的爸爸忙着赚钱也疏于关怀孩子。女孩告诉记者："和男人交往有什么不对？最起码他们接受我，让我觉得自己还是个人。"

拜托父母，如果希望自己的孩子能够进步，即便孩子在过去伤了你的心，都请求父母先接受孩子，因为，没有比冷漠的态度更伤孩子的心。

另外对于进步的定义，也请父母建立新的认识：只要孩子在原有的基础上有一点点改变，就是进步。

一位父亲正对着孩子大发雷霆，原因是孩子答应在这次的考试要好好努力，考试的结果，数学由上次的10分，这次考了15分。父亲认为孩子不够努力才考得这么差。可是换个角度看，孩子的数学进步了50%，父母如果针对孩子的进步夸奖一番，可以想象的到，接下来，孩子的努力会是什么样子。

放下了的标准，才会使父母清楚地看到，孩子已经实践了自己的承诺。下次，当孩子由一分到考出两分的成绩时，我相信所有的父母都知道该怎么说了。

沟通内容：

请教孩子怎么做，是订立孩子念书、生活、行为标准的最佳方法。

从女儿3岁左右我就常常请问她："你自己觉得该怎么做？"或是看到她

做错什么事时，我会先这么喊她：“乖女儿，请问你，乖孩子会怎么做呢？”到现在九岁多，成长过程中，我做父亲的只规定了几件事——看电视请不要超过30分钟；10点半以前上床睡觉；对长辈要有礼貌；请保持自己房间的整洁。

另外加上一些简单的观念：

玩就玩得比别人疯，念书就专心念；

每次只做好一件事；

做每件事都可以找到好方法；

每件事都要勇于尝试，但请事先作好准备。时至今日，女儿的成长，挺让人欣慰的，学校的成绩一向保持在前三名，会主动地帮忙做家事，也懂得帮老师的忙及鼓励同学。

每到各种纪念日，女儿总会尽心绘制许多的纪念卡。像昨天是教师节，女儿早早就画了好几张大小不一的贺卡，准备送给学校的班级导师，以及课外学习英文、钢琴、数学、舞蹈的每位老师。父母的生日及母亲节、父亲节就更不用说了，我书房的墙上到处贴着女儿从小到大送我的卡片。

这样乖的孩子会不会犯错，肯定会。我会怎么处理？请教，我总请教女儿下次会怎么做。孩子说对了我用力鼓掌，说得不清楚，我还是鼓掌，之后请她再想想看，有没有更好的方法。

我觉得女儿每次找到的结果，为自己订立的标准，比我想的还更精彩，并且这是她自己的决定，所以在执行上几乎没遇到什么麻烦。

上课时候，许多父母听我讲述女儿成长的这一段话，都说那是你赵老师的女儿当然没问题。其实每位父母都可以做得到，当我们接受孩子的想法，当我们做到设定的标准都来自孩子的想法。父母扮演的只是协助者，而不是用父母的标准带给孩子压力，我相信孩子就不会用反叛来响应父母。

父母心得记录：

第四把智慧的钥匙：给予充分的信赖与包容

目的：

培养孩子做人做事负责任的态度，以及对人的觉察能力。

许多父母经常感叹自己的孩子长不大，倒不如回头看看过去教育孩子的方法，是否常对孩子不放心。

孩子开始做件事，父母就跟着后面叮咛这，指导那。没有给予过孩子信赖，孩子就没必要长大。

承受信赖，恰是承担责任的开始。孩子有过承担责任的经验，才能拥有观察他人、欣赏他人的能力。给予孩子信赖与包容，恰是确保孩子对自己负责、对他人表达善意态度的起点。因为孩子自己有过失败被包容的经验，就更懂得给别人足够的机会。

信赖的价值，培养孩子善尽己责，却乐于给予别人机会的人格魅力。

包容给了孩子从错误中重新出发的勇气。信赖则让孩子愿意再试一遍。

台湾一位 4 岁大男孩，在母亲请客的宴会上想从冰箱拿出两瓶玻璃瓶装的饮料，一不小心给打翻在地上。玻璃的碎片、深颜色的果汁，流淌在洁净的地砖上显得格外刺眼。宾客们也都让出了地方，独留下彷徨失措的孩子在大厅。妈妈走了过来，很温和地问孩子，你有受伤吗？接着神色自若地牵着孩子的手离开大厅。

事后母亲请孩子再做一次当时的动作，并示范正确的方式。孩子从母亲的包容中学到了影响他一辈子的重要观念——错误是发现问题找到方法的过程。

包容的价值是让错误的行为找到改变的机会，每个改变都是智慧的源头。

效果：

信赖能够激起孩子的自信，自信带给孩子勇于尝试的信心，而信心将带领孩子，从自己的渴望中去找寻满足的方法，孩子就拥有了一颗创新的心了。

包容的力量让错误成为孩子成长的基石，包容也让孩子能够真实地面对自己，并找出改进的方向。

包容让孩子学会接受。在接受的过程，孩子给自己也给周围的每个人足够的耐心与等待。

还记得上面章节提到的奥运 8 块金牌得主菲尔普斯说的话吗？“不管我

的成绩看来多遥不可及，我的教练巴伯就是相信我能做到。”

菲尔普斯在任何人眼里是个患有多动症、再平凡不过的孩子，是什么力量造就了他的奇迹？记者记录了菲尔普斯的看法——他唯一的教练巴伯的眼中，只看菲尔普斯的成长与表现，却同时包容了他在疲惫时候的愤怒脾气。巴伯包容菲尔普斯的偷懒，却对他能够创造的成绩深信不疑。到了学校举办舞会的时候，巴伯还教他如何打好领带及做个绅士，而不像其他的教练，需要用某些成绩作为交换的条件。

这些听起来任何父母亲都可以轻松做到的事——“用正确的态度对待孩子”，却培养出奥运史上最杰出的选手，并且还是曾被诊断为多动症的孩子。

请问父母，你的孩子能够从你对待他的态度，得到什么力量呢？

父母学堂——给予充分的信赖与包容

执行信赖的原则——设定彼此清楚的规范，放手让孩子自己去完成。

包容的条件——孩子行为上的疏忽，或是因对周遭事物的好奇而显得顽皮，这时候要请父母耐心点；但是牵涉到观念，人格的、对人的礼节，尤其是对长辈的礼貌以及品德这些方面，一发现有偏差，就需要父母立刻进行管教了，只是请父母不要在做错的当场，就教训孩子或是批评孩子。

找个恰当时间，把当时的情况该怎么做，父母与孩子交流清楚，接下来请孩子说说，下次再遇到类似的状况，他会如何做。请孩子用自己的话说一遍，有助于孩子加深印象，同时还能听出孩子理解的程度。

提示：

从小的事情开始建立信赖，例如拿拿水、端端菜、收拾自己的房间，到答应孩子与朋友一起上街。做得不好，做得不对，不要去批评，但是需要父母耐心的教导，说明怎么做才是对的。

我听过太多的妈妈，用着有点表示自己很能干的口吻说：“我的孩子以为我看不出来，其实一进孩子房间，他在搞什么鬼，我一眼就能看出来，每天我好像都在和孩子玩谍对谍。”只是，指出孩子的问题有意义吗？

父母如果将心思放在协助孩子找到学习的乐趣，把时间用在沟通，让孩子自行订立学习的进度，透过这些方式，让孩子感受到父母的信赖，孩子才能找到对自己的信赖。

信赖能够带给孩子对自我的满意度及成就感，相对地，这些孩子也比较能够作好对自我的管理，并对自己产生较高的自我期许。

信赖是用来帮助孩子学会对自己负责，而包容则让孩子产生足够的信心，把认为对的事，就算发生了许多错误，修正后也要坚持完成。

沟通内容：

期望是表达父母对于孩子未来的肯定，要求则是规定孩子必须照着父母的命令去做。期望让人肯定自我；要求则令人产生动辄得咎的恐慌。

在表达期望之前，父母需要先问问自己，孩子信任我吗？答案是否定的，父母优先要做的就只有一件事——建立与孩子的信任关系。

学会信赖孩子，例如孩子问说："房间要怎么整理？"

父母："我相信你自己可以做得很好的。"

孩子："星期天我可以到同学家一起做功课吗？"

父母："你觉得对你有帮助的话，就自己作决定喽！"

看到孩子目不转睛地盯着电视，似乎忘了明天的小考，怎么办？

父母："这是你喜欢的节目，是吗？那自己安排复习功课的时间好吗？"

几个同学聚在一起，讨论电视节目的剧情，是现在孩子们的交流重点，没有哪一个孩子可以例外。父母制止孩子看电视，或是命令孩子该怎么做，对孩子该做的功课是一点帮助都没有。与其命令孩子，造成反弹的情绪，还不如借机培养与孩子的默契，或是给孩子自己作决定的机会，来得更有意义。

父母心得记录：

_ _

第五把智慧的钥匙：随时奖励

目的：

发现错误就即刻订立改进计划，当孩子"开始"采取行动，父母就给予奖励。奖励能让孩子遵循正面的思考，肯定自己的行为。奖励让家庭处处充满欢乐。

父母常把奖励想得太复杂，奖励只是随时对正确的事给予鼓励。拍手是种鼓励，一个激励的眼神是鼓励，拍拍孩子的肩膀是鼓励，给孩子一个拥抱是鼓励，在孩子的书桌，留个字条，写上对他的表现十分满意也是鼓励。鼓励是一种态度，鼓励的目的是让孩子随时随地了解到父母对他的关注，让孩子觉得自己的付出得到父母的认可。

父母的关注会让孩子有受到重视的成就感，以及克服压力，坚持再做下去的力量。有时候，当孩子面临一些诱惑，常受到鼓励的孩子，较具有抵抗外在蛊惑的力量。

父母奖励孩子需要注意的地方——奖励永远不嫌多，千万不要等到结果分晓才提出奖励。奖励的最佳时机，当孩子开始做，以及在做的过程之中。至于结果，看到孩子付出，也全力以赴，就算对结果不满意父母也可以告诉孩子："把这次的结果，作为下回挑战进步的起跑点，那就太有意义了。"

父母要让每个奖励都发生效益，就要在孩子决定付出努力时，立刻提出来。例如孩子关上电视，告诉他："不赖嘛！我的孩子懂得管好自己了！"

孩子拿成绩单回来，告诉父母下次我会考得更好，立刻鼓励孩子：

"爸妈喜欢看到你知道自己该怎么做，你真的好棒"！

看到孩子在对待他人的态度上进步了一点点，告诉他：

"我们家的宝贝看来长大了，对人的礼貌真好。"

效果：

奖励能够使孩子养成随时面对自己行为的习惯。

奖励的目的，养成孩子从自己改正的行为中，更清楚地认识自己。

奖励最有价值之处，让孩子不惧怕面对自己，奖励带给孩子力量——我知道自己可以做得更好，所以我不怕此时此刻的失败、挑战。

父母学堂——随时奖励

奖励孩子，如同在孩子成长的路上，树立起清晰明确的指引标志。

提示：

奖励让孩子觉得每一分的努力都受到父母的肯定。

庭嫣，我女儿，自己选择学钢琴。上了小学三年级以后，电视连续剧里的青春偶像，那个的吸引力远远大过了钢琴，每天听她弹钢琴就知道孩子在应付自己，也应付着答应父母的事——每天好好练琴30分钟。

做父亲的曾经提醒过她："乖宝贝，你看电视的时间和弹钢琴的时间需要自己注意了。"但是孩子并没有太大的改变，一直到……

有天，庭嫣弹出了一小段很棒的钢琴音乐，我在书房听到了，立刻跑到孩子的房间，我敲开门，孩子问我什么事？我假装没听见，我弯着腰，低着头，假装在房间里找什么。同时嘴里还嘀咕着：

"一定是有个小仙女来了，不然赵庭嫣的钢琴怎么会弹得这么好听！"

孩子在旁边嚷嚷："是我，是我弹的。"

我一脸正经地大声宣布："赵庭嫣的钢琴弹得像小仙女一样好听。"

女儿乐不可支地在自己床上笑得打滚。接下来，知道吗！我就一直听到小仙女在弹钢琴了！

孩子表现出好的行为，父母要时时作出积极的反应，就像我到孩子的房间去找小仙女，就是对孩子的表现给予积极的反应。这会令孩子对自己、对自己的行为，以及对自己的努力十分的肯定。

奖励孩子最终的目的，就是帮助孩子肯定自己。

沟通内容：

听听孩子说 希望在哪些方面能够受到父母的重视。顺便请教孩子，过去有哪些表现，例如功课进步了，自己的房间收拾得很干净，在学校获得了某些奖励，回到家，却没有得到父母的认同。遇到这种时候，除了向孩子道歉，记得叮咛孩子，下次再有这些情况时，要为自己争取表扬的机会。

现在，我请求看到这里的父母先放下书本，拿出一张纸，写下你孩子的所有优点，接着找时间告诉孩子——对于优点想鼓励他的话。就这么一件事，有可能改变整个家庭的气氛，并带给家里的每个人积极正面的力量。何不现在就试一试呢？

另外，找个时间全家人围坐在一起，由父亲说出对母亲的赞美，或是母亲先讲出父亲的优点，并且规定，每当说出谁的优点的时候，请大家给个赞美的掌声。就这么简单，就能为全家人带来无比的欢乐时光。

接下来就简单多了，请每个人轮流说说家人的优点，也要记得请全家人为说出来的优点，来个快乐的赞美。

透过类似的活动，父母如果发觉孩子的参与意愿不高，不需要勉强，反而可以趁这个机会说出孩子的优点，或是一些表现好的事迹，请全家人为孩子来个掌声鼓励。

总结——开启孩子智慧的五把钥匙

教育孩子，父母最大的挑战，就是孩子面对的世界是未来式。父母如何运用过去的经验，协助孩子尽早掌握未来的竞争优势?

完全依循旧有的模式，教育自己的下一代，结果，父母身上的束缚在不知不觉中也成了孩子的围城。这也是许多贫困家庭要用几代人的努力，才有机会打破过去循环的原因。

我的建议，请父母重新审视，孩子的学习成长之路需要什么？而不是以父母的主观，单方面的决定，要给孩子什么。

教育孩子的方式既不是扬弃旧的，也不是对新的全盘接受，而是以孩子的天性为导向，唯孩子的兴趣作为父母辅导的内容。

在我接触的数万名父母，都有教育孩子方面的困惑，绝大多数的问题都来自父母无视于孩子的天性及兴趣，强制孩子一定要照着父母的指定方向发展，才有了如此多的问题孩子。

改变，父母的改变，才能带动孩子的改变，父母越早尊重孩子，越有机会尽早教育出卓越优秀的一代人。请听我再说一遍：全世界的孩子永远没有错，需要调整的是父母教育孩子的方法。

而第一把智慧的钥匙——建设性提问；之所以放在第一，目的就在建议父母，借由积极正面的提问来协助孩子，拓宽看问题的角度，或是探讨问题的深度。但请父母记得，最有价值的还是在于将答案交由孩子自己去完成。

从孩子发生问题，父母提出建设性的提问到孩子完成，这整个的过程，恰是父母了解孩子，认识孩子的宝贵收获。

做父母的干涉越少，孩子在面对问题时的态度——遇到困难产生的疑惑，遭受打击时对自己的怀疑，做的顺手时候的粗心大意，还是做好一件事之后的高兴、得意，每次行为的变化，都是孩子于成长过程里弥足珍贵的经验。

孩子需要这些真实的发生，经历过这些，走过这些发生之后，孩子才能从自己的真实感受中，总结出在每件事的经验，及自己的收获。

当父母自始至终扮演着支持者，而不用对与错的裁判身份批判孩子，就有看到孩子因认识自己而充满喜悦的机会。孩子在丰富多彩的成长路上，父母也成了孩子一生中最最重要的人。

延续这开启孩子智慧的主轴——让孩子认识自己。

第一把智慧的钥匙，建设性提问。

第二把智慧的钥匙，把选择权还给孩子。

第三把智慧的钥匙，订立明确的标准。

第四把智慧的钥匙，给予充分的信赖与包容。

第五把智慧的钥匙，随时奖励。

每一个步骤的价值，我都用描黑的粗体字标示出来，以便于父母可以较清楚地了解到，采取这些步骤所能达到的结果。

五把智慧的钥匙追求的最终结果——每个家庭都有智慧的父母，懂得找好方法，培养出充分认识自己，并拥有独立、自主、敢于挑战未来，却又同时能处处体恤他人、支持他人的新一代。

想想看，整个社会都是由这么一群卓越优秀的人所组成，那将会是一个什么样的国家——我们会成为这个世界上最受到肯定的民族。是的，当我们从改变教育孩子的方法开始，我们就开始了整个民族的成长。多棒啊！

建议父母在阅读五把智慧的钥匙过程中，多花点时间在基本定义上，那会让父母在协助孩子的时候，作出最明智的决定，也会更容易获得孩子的认同。

祝福天下所有的父母亲！

你们是全天下最棒的父母。

当你苦恼的时候，请告诉自己：

我是最棒的父母，是的；

当你被激怒的时候，请告诉自己：

我是最棒的父母，是的，

所以我一定可以找到好方法。

当你有一点点收获的时候，请你

记得打几通电话，把你对孩子的爱，

努力找出来的好方法，与你的邻居，亲朋好友
共同传播、推广、发扬光大，是的，
因为，你真的是最棒的父母。

第四章

如何处理孩子的愤怒

在孩子的问题上，我优先选择“愤怒” 这个题目。这主要是因为我于二十多个省做巡回讲座时，接触到太多孩子讲述他们的愤怒。

愤怒的发生，主要因素往往不在于引发冲突的事件，而在孩子记忆的内容——记忆里的是非对错，形成了孩子判断的基准，当外界的发生与记忆产生冲突，就会导致孩子愤怒的发生。另外，当发生的事件与自己息息相关，孩子却感觉到自己的无力，也容易产生愤怒的情绪。

观察孩子愤怒的原因，对了解孩子过往的生活，具有一定的客观性，也是分析孩子记忆内容的有效方法。我常从孩子愤怒的原因，看到孩子背后父母的教育方式。因此有必要优先针对这个题目进行探讨。

综合过去的问卷调查，孩子们提供给我的答案，大致上有以下几种原因，是**引发孩子愤怒的主要来源：**

1. 被欺负后的愤怒
2. 遭受不公平待遇引起的愤怒
3. 打骂造成的愤怒
4. 限制行动后的愤怒
5. 对自己的表现不满意
6. 被侵犯权利
7. 没得到他人善意的回应
8. 无理的愤怒

愤怒的原因大多是孩子内心的无助。

面对孩子的愤怒，父母一方面要找出孩子的心理因素，也就是孩子记忆里担心害怕的是什么，好帮助孩子从愤怒的情绪中脱困而出。另一方面，也是更有意义的做法，协助孩子从愤怒发生的过程，认识真实的自己——愤怒往往让孩子清楚自己最在乎什么、最讨厌什么、最害怕什么。看清楚了自己，父母与孩子才有机会在愤怒的情绪里找出盲点。

许多孩子常常容易在这样一个时刻，作出不理智的行为，主要也是为了掩饰自己的无助以及心中的恐慌。

一旦孩子知道“我有许多的选择，我无需隐藏自己的无助；我知道在需要支持的时候，父母会给我力量”，就能避免孩子用逞强斗勇的行径来证明自己。如果有人，指点这些孩子——每件事都可以找到好方法，我想，每个孩子都有足够的智慧，为自己作出正确的选择。

另一个教导孩子的重心，是从每件事情的发生，增强孩子面对问题的能力。“每件事情的发生都必将有助于我”是所有来上我课的父母最常说的一句话。是的！每件事情的定义包括了孩子做对的事以及做错的事，当然我们都知道，孩子最常发生的是荒腔走板的事。

发生，代表过去式，因此追究已经发生的事是毫无意义的，但是孩子留下何种经验，却完全掌握在父母对待孩子的态度上。为什么这么说？孩子考试没考好，这件事发生了，父母连打带骂的态度，引发了孩子采取说谎、涂改成绩、甚而自暴自弃的做法，孩子留下了父母否定自己的记忆。

相反地，父母心平气和地接受孩子考试不好的事实，还告诉孩子：

“爸妈相信你，给你足够的时间努力，你会有好成绩的。”

孩子从父母的包容态度找到无需逃避、面对事实的勇气，孩子在脑海中烙印下影响一辈子的记忆——我是有能力改变现况的。

面对发生采取的态度，是逃避还是找出解决的方法，决定了我们的一生是成功或失败的结果。这就是上面那句话“每件事情的发生都必将有助于我”的真实意义。

愤怒是个发生，犯错也是一个发生，引导孩子如何在愤怒的、犯错的发生中找到对自己有益的成长收获，这就是本章探讨的重点。

第一把智慧的钥匙：建设性提问

1. 被欺负后的愤怒

帮助孩子面对真实的感受，能让孩子清楚自己的立场及价值观，并且在叙述的过程，让受伤的情绪找到出口。

孩子在学校的功课一向不错，也常受到老师同学的赞赏，有一天孩子气嘟嘟地回家说：“难道考试成绩好也有错吗？”原来孩子在这次考试，比同班同学考得意外的好。就这样，孩子遭受到班上同学的误解，许多人在口头上欺负孩子。这时候父母该怎么做呢？

父母建设性提问：

（1）可以说说你的感受吗？——引导孩子说出心里的想法。

（2）真是不公平，怎么可以平白无故地欺负我的宝贝。孩子，我可以请教你，整个事情发生的经过吗？——先表示支持，再请孩子叙述经过，父母能够清楚掌握孩子的看法，也让孩子的情绪找到出口。

（3）你需要爸爸（妈妈）去找他们谈谈吗？还是你希望我们怎么做？——清楚传达父母处理的态度，这让孩子觉得很贴心。

（4）来，过来，孩子，让妈妈（爸爸）抱抱你好吗？——亲密的肢体接触，表达出对孩子的支持，也容易化解掉孩子心里的怨气。

（5）你是不是觉得自己很厉害啊？凭实力考出好成绩，就是不怕别人说，来！告诉我，下次你准备考多少分？——信赖孩子的表现，同时导引孩子忽略别人的看法，建立正确的处世观念。

（6）噢！你很勇敢嘛！你看这个事情发生多久了，你还能坚持到现在才告诉我们（父母），并且看起来你好像已经找到解决问题的方法了——说出孩子已经表现出的正确态度，例如勇敢、坚持、找方法。回馈孩子，父母对他处理方法的肯定。

从上面建设性提问的内容，可以看到父母表达的方式并没有解决任何问题，但是却让孩子清楚来自父母的支持，以及用积极正面的思考方式来面对问题。

父母学堂——被欺负后的愤怒

孩子习惯了家中的保护，面对外界的欺负，父母该如何处理。

提示：

成长所包含的意义，就是累积了生活中足够的经历。

每个生活中的发生，都可以视为孩子成长过程里的宝藏。

智慧的父母懂得协助陷入情绪中的孩子，找到自己生命的出口。

卢陆，我非常佩服的一位学生。90年代中曾经拿下全国的散打冠军。他曾经示范给我看，一拳打出去大概有400磅的力道。

他说练拳时候的疼痛孤独、不是一般人受得住的，支撑他坚持练习下去的原因，来自小时候邻居欺负他的记忆。每当他坚持不住时，只要想起小时候挨揍的情景，就能激发他无穷无尽的爆发力。

“海南举办全国大赛，那次比赛的经过更是令我感受深刻。” 卢路说出来他多年前的一段记忆：

“当时觉得自己已经挤不出任何一点力量了,就在抱头闪躲对手的拳击时，突然小时候受欺负的画面映入眼帘，刹那间，自己都不知道从哪里爆发出来的力量，我的拳头像是雨点般击向对手，一直到裁判出手，那一刻，我知道，我坚持下来了，我拿到冠军了！”

每个受到创伤的伤口，都是生长出新枝丫最好的机会。

在上完课之后，卢陆很激动地告诉我：“赵老师，如果不是来上你的课，我可能一辈子都在卖拳维持生活，现在，我知道小时候吃这么多的苦，带给我的意义了。我要回家去开武术馆，我要教小朋友练拳，我知道自己可以做许多事了。”

※教育最重要的贡献，就是让四处流窜的心思、起伏不定的情绪，往有价值的生命处集中，弹奏出精彩的曲调。

沟通内容：

跟孩子说说自己的成长经验，过去碰到被欺负的时候，父母的处理方法。也可以请问孩子：

“想象一下，长大后你会成为什么样子的人！现在假设你已经是这样的人了，那这个人会如何处理这件事呢？”—— 没有比这个方式能更好地帮助到孩子，听孩子描绘心中理想的形象，与孩子共同分享这位理想的人士，种种高明有趣的处理方法。

“当自己有过被欺负，愤愤不平的感受，会不会帮助你对别人的痛苦有更深的理解”——孩子由自己的经验培养出的同理心，比任何的教育都来的有益于孩子一生的发展。

在孩子陷入愤怒的情绪时，父母给孩子一个正向的指引是很重要的。那能够让孩子从自己的经验里，尝试着找出扭转负面情绪，把每件事都从积极面找收获的思考方法。

请教孩子，除了愤怒以外还有什么样的情绪可以选择？能不能选择让自己开心呢？能不能把同学的态度，看做是自己在成绩上不够稳定的一种反映呢？陪同孩子一起找好方法。请教孩子：

“那我们就一直考出好成绩给大家看，孩子，你看好不好？”——积极的暗示。

每次愤怒的背后，一定可以找到收获。请父母记得请教孩子：

“接下来，孩子，你会怎么做呢？”——帮助孩子，把想法加上个方法，父母会发现，孩子进步的速度飞快。

2、遭受不公平待遇引起的愤怒

年纪小的孩子容易对父母的做事方式,比如给他东西的大小、数量的多寡、对待他和其他小朋友的态度，计较公不公平。

大点的孩子则会对环境的分配，例如房间的大小，有些什么设备、有没有面向有阳光的窗户、座位的前后，斤斤计较。再就是对礼物的金额计较。在人际交往方面，很在意朋友的态度、礼貌以及互动之间的公平。

常听到父母说：“怎么你的孩子就这么听话，我的孩子怎么就像是上辈子欠他的。”是的，生活中父母给予孩子的观念不同，孩子的态度自然不同。这些父母不了解的一点，平日里父母给予孩子的指令越少，孩子可以自由发挥的空间越大，对父母的要求就会越小，也越不会认为父母对他不公平。

相反地，父母的命令越多，为孩子扛起的责任越多，孩子对于父母无微不至的照料，发出怨言的机率也就越大。

青春期的孩子，往往将公平与父母是否给他面子划上等号。小的孩子衡量公不公平的指标，决定于父母对他重视的程度。

父母建设性提问：

（1）乖孩子，看得出你很生气，愿意和爸妈说说事情的经过吗？——一句称呼，乖孩子，肯定了孩子的平日表现。再来，父母表示出接受孩子的情绪，其实这时候，孩子的情绪多半已经解决了。

（2）当听到别人（老师 同学 朋友）说的话对你不公平的时候，你是怎么反　应的呢？——倾听孩子的说明，能够帮助孩子重新思考自已的行为。

（3）爸妈相信你所说的，那你自己是怎么看这件事呢？——父母表示相信，是让孩子清楚父母的态度，孩子才能直言不讳地说明整个的经过。

（4）听起来这次考试你因为不作弊，所以成绩比不上同学，你觉得很沮丧，甚至还怀疑自己该不该作弊，是吗？我可以听听你的想法吗？——没有预设任何立场，父母只是引导孩子说出心里话。

（5）你觉得学校分配床位的方法很不公平，那你的想法呢？如果你把想法告诉学校，你觉得会有帮助吗？——提醒孩子从埋怨的思绪中脱困而出，找解决的方法。这对于孩子的成长会有意想不到的帮助。埋怨会使人逐渐埋没在眼前的困境，找方法却需要放眼看困境以外的机会。

处理孩子认为公不公平的问题，最困难的部分是让孩子如何了解，每一个环境，都有着一些不公平的竞争，以及人际关系左右着天平的角度。

当人际关系的力量大于对公平的计较，就不存在公不公平的问题。

孩子需要学会坚守自己的原则，却能用接受的态度包容环境。帮助孩子理解，与其抱着埋怨的心去看不公平的现象，损失的是对人生的信心，不如问问自己，从别人不公平的态度里得到了什么收获？

孩子受到不公平的待遇，会显得沮丧，情绪也十分低落，这是由于不知该如何作出调整及选择，此时孩子的行为也会有一些焦虑及暴躁。先请教孩子：这件事你打算如何处理呢？协助孩子找方法，重新选择，是最有效化解情绪的好方法。

父母学堂——遭受不公平待遇引起的愤怒

在家庭长期保护下长大的孩子，很难对公平建立真实的认识。

提示：

多数独生子女，在父母的宠爱下，常认定别人对自己不公平，造成与家人、老师、同学的紧张。但是，当孩子对自我的肯定度越高，接纳公不公平的弹性就越大。父母在日常生活中尊重孩子的态度，对改善孩子情绪的困扰，最能起到立竿见影的效果。

沟通内容：

孩子很生气，认为自己不应该遭受不公平的待遇。父母可以试着这么处理——请孩子回想发生的情景，然后让孩子扮演对他不公平的那位角色，接下来，请孩子用对方说话的方式，表达对方的立场。当孩子这么做了，请孩子说出对方这么做的理由。

3、打骂造成的愤怒

安安的家庭十分重视孩子的礼貌，尤其是对长辈，父母给安安的标准就更严格了。那天爸爸多年不见的朋友来家里吃饭，菜还没有上完，安安应该早就饿了，没经过大人同意，自己上桌就吃饭了。

客人走了之后，爸爸狠狠地责备了安安。安安十分委屈，孩子觉得自己在对待长辈的礼貌上做得不错呀！平常肚子饿了，妈妈总是叫我自己先吃，今天为什么会挨骂？安安难过地哭起来了！

父母建设性提问：

“刚刚被骂得是不是很难过？”

孩子刚被父母责骂过，孩子知道是自己的错，也明白为什么遭受处罚，只是在当时，情绪上没能跳脱开愤怒的控制。此时格外需要有人体谅孩子，疏导情绪。处罚孩子的目的是要孩子注意到自己的行为，避免下次再犯同样的过错，这才是父母期望的结果。

当孩子情绪已经表现出平缓的迹象后，等愤怒消失了，再请教孩子：

“不生气了！那能不能请问你，下次你会怎么做？”

针对安安的案例，其实有许多不同处理的方式，可供父母选择；父母可以请安安先说说自己的想法。因为错误行为的背后，代表孩子在观念上的判断有盲点，处罚孩子的盲点，毫无意义可言。

也可以教导安安，如何把想法告诉父母，例如把肚子饿了的情况说出来请父母帮忙解决。这样做,安安下次就学会了请教父母,同时无需隐藏自己的需求。

教孩子学会规范的行为，还不能妨碍孩子表达内心的想法。以安安为例，父亲的指责，并没有教会孩子，在肚子饿了和遵守礼貌之间找到正确的做法。指责却可能让孩子有了抑制自己真实需要的念头。孩子在表达上受到了阻碍，也会阻碍孩子对自己的感受，还有与父母之间情感的交流。

※体罚让孩子将关注的焦点放在父母的责备，而失去了改正错误行为的机会。

父母学堂——打骂造成的愤怒

处罚孩子之后，孩子是否改进，才是父母需要关注的焦点。

提示：

父母处罚孩子的目的，在处罚之前就请想清楚。出自孩子的无知，父母的处罚就缺乏意义。

拿孩子错误的行为转换成教导孩子的题材，带出的效果远比处罚要来的更大。例如：教孩子正确的方法之后，请孩子与做错的行为作对比，孩子觉得：哦！原来我还可以这么做。然后请孩子用新的方法再做一遍。

就拿安安做例子，如果让安安扮演爸爸的朋友，父亲来做出安安的行为——自己一个人坐在一桌的饭菜面前，就开始吃饭了。父亲用很轻松的语调请教安安：

“现在你是爸爸的朋友，看到一个很有礼貌的小孩自己一个人吃起饭来了，你是那位客人，你有什么感觉？”

我想安安的一定感觉很爆笑，但是记忆深刻。现在安安完全了解到礼貌的意义，也知道如何支持父母的规定了，多棒！

可惜事实上，安安充满了委屈，孩子做了自己认知上正确的事——对长辈有礼貌，肚子饿了，照平常妈妈说的一样，自己先吃，没有错啊！

孩子的盲点在于针对特定的事情，如何与平日生活里的规定，作出弹性的调整，这需要父母的指导。

这提醒了父母，发现孩子重复地犯错，先慢一点责备孩子，因为一定是孩子在哪些观念上出了问题。这时候，父母要耐心地请教孩子，孩子做这件事前是怎么想的？清楚孩子错误的源头，才能从根本上解决问题。这是父母最应该尽到的责任。

孩子在学校的课业，做事的习惯，一些言行举止，仔细观察，还真有不少错误，不断重复发生的情况。

我遇到过许多父母，最不能容忍孩子在功课上犯同样的错，也有些父母看到孩子在一个行为上，老是做错，就显得特别愤怒。

其实孩子已经在重复做错的过程，透露出清晰的信号——对这门功课就是不懂；不知道怎么做出正确的行为。父母的打骂反而加深了孩子的恐惧心理，下次再遇到不会的功课，恐惧感只会令孩子更加恐慌，出更多的错。

错误的行为也是如此，父母的责备只能让孩子知道做错了，却没教会孩子如何做正确的事情。害怕犯错的担忧，干扰着孩子正常的表现，越做越错，父母在一旁看到孩子的笨拙，更忍不住怒气要教训孩子。

父母看到这个错误的循环没有？孩子做错，父母愤怒，愤怒让孩子恐慌，恐慌令孩子失去正常的表现，父母更加气愤，孩子更加逃避。

课堂上请两位父母演绎整个过程，每位父母都觉得好笑极了。实际生活中，孩子最后都是抱头鼠窜吃尽苦头，父母则是气急败坏，不知如何是好。

其实从孩子的观念下手，先调整观念的误区，接着请父母举出功课上、行为上的正确方法，请孩子用正确的行为作对比，或是按着正确的方法再做一遍，孩子改进的速度是最快的。请父母现在就试试看。

沟通内容：

找出孩子错误的源头，这需要父母在沟通过程中善用两种方法：

（1） 请教：请教孩子的想法、请教孩子这么做的理由、请教孩子心中的想法。当孩子进行说明时，父母不要表达任何的看法。

（2） 倾听：当孩子诉说出想法时，父母只要点头，表示了解孩子说话的内容。也可以在适当的时机告诉孩子："说得很好！"但是不要造成孩子表达上的干扰。

请教，让孩子有受尊重的感觉；倾听，帮助孩子说出内心的真实想法。

父母心得记录：

____

____

____

4、被限制行动的孩子

"从今天起，一个星期不准上网！" 愤怒的父亲大声地对孩子下了一道命令。原因是孩子三番五次地违反自己答应的事，老是偷偷地上网玩游戏。

一向和颜悦色的父亲这次真的生气了！但是愤怒让父亲只一味地想着自己的苦心被糟蹋了，却无视于事实。事实是，孩子用反复犯错明白地告知父母，每次的限制只是带来了更多的反抗，更多的情绪。

这可能是多数父母常犯的错，没先接受孩子的行为，然后去找出问题的原因。父母重复地使用处罚，孩子也重复地犯错，造成亲子之间的矛盾。

值得父母尝试的做法，找出父子双方对上网玩游戏都能接受的时间及方法，而非由父亲单方面作出决定。

限制就会带来欺瞒与扭曲。在成都电视台一档现场直播节目中我曾经处理过一个真实的案例，一位十七八岁十分漂亮的女孩来到了节目现场，陪同她来的还有她的母亲。看起来母女关系不是太好，女儿侧着头，手指紧紧地相互扣着；母亲则是一脸的无助。知道自己正在直播现场，却依然唉声叹气，电视机前的观众都看得出她的难过。

这位母亲找我求救的原因是为了女儿打电玩，离家出走已经两次了。

“第一次还好，两天后在同学家找到女儿。第二次，她和父亲吵完架，一出门，两个礼拜无影无踪，你说，天底下有这么狠心的女儿吗？”母亲一把鼻涕一把泪，伤心地说着。

我转头看看她女儿，女儿却像是在看别人的故事，一点反应都没有。这也难怪，这位母亲的控诉并没有说到问题的重点，却在结尾狠狠地给女儿一个批评——这么狠心的女儿，换任何人也都无法接受这样的说法。

我常看到许多父母，将儿女带给自己的伤痛，用同样的批评或指责方式发泄出去，好像不这么做，孩子就不能了解父母的痛。毕竟孩子是在无计可施的情况下，才会作出两败俱伤的选择，这其中不知隐藏了多少孩子的苦水。

每个伤痛都意味着那被在意的、被渴望的事情得不到满足。

父母如果从孩子的无助，了解孩子的渴望，满足孩子的需求，例如上面的案例，母亲就不至于说出抱怨或指责孩子的话，也不会造成女儿找到反驳的理由，引起另一波的反弹。

“我有狠心吗？从小到大，你们什么事都限制我，这个不能做，同学家不能去。出门买个东西，你们也要跟着，我什么时候自由过？像我同学，早就离家出走了，我要是也狠下心，早就走了。我这么大的人了，一点自由都没有，打电玩又怎么了？我的功课又没像别的同学一样，我还是保持在原先的成绩，你们还是不满意。这次我离家出走，就没打算回来，这样活着还不如死了算了！”女孩说话的嗓音，吓住了摄影棚内所有的人。

“我和你爸不都是为了你好！”她的母亲一边哭，一边很委屈地说着。

“真的为我好，就把我当人看，我也需要一点属于我的空间、我的自由。难道我真的不值得你们爱吗？离开家我也好难过啊！”女孩用哭喊的声音说出了心里的感受，摄影棚内的每个人都被女孩说出的话撼动了。

过了好一会大家才回过神，想起现在还在录制节目，便不约而同地将目光转向我，似乎大家都想听听我的解决之道。

面对着这位母亲，我说：“请教你，如果你的女儿现在大学毕业，年薪超过人民币250万，你有什么看法？”

母亲回答我："怎么可能？我女儿怎么可能拿到这么多钱？"

"有没有可能，没有人知道。但是我愿意告诉你一个真实的事情。有一位男士，因为打电玩达到了一定的能力，被全球首富比尔·盖茨请去，并且每个月还有两个钟头的时间单独见面。之后，又被全球最大的咖啡连锁店星巴克请去当信息执行官，年薪250万美金。"

女孩的母亲听我这么说，表情似乎不再显得十分担忧。我接着说：

"再说你这么辛苦地教育孩子，不就是为了将来，但是你的做法却是禁止孩子去学习与未来有关的事物，还造成与孩子之间的矛盾，多不划算。"

"那你说我该怎么办？"这位母亲的焦虑脱口而出。

"接受"我告诉这位妈妈，"接受孩子的现状，接受孩子的选择。当父母学会接受，父母与孩子间就会相互肯定对方。这时候，我们才有机会坐下来面对面沟通，找出解决问题的方法。"

接受有个奇怪的力量，一旦接受了对方，对方的立场，对方的想法，对方的选择，不自觉地，就自然而然地明白了对方这么做的理由。太多的亲子关系之所以摆不平，都来自双方站在自己的立场，要求对方得要照着我的方式做造成的。

"这我做得到，就不知道我女儿做不做得到？"这位母亲回答我。

"接受的本身就是一种敞开，你只要把门打开，阳光就会进来。但是没有人能要求阳光该怎么做，对吧！"我请教这位母亲。

"对！对！那你的意思就是叫我不要再管女儿？"母亲问我。

我说："不是不要管，而是不要再去计较孩子过去的行为，因为父母采取的所有行为，为的就是能帮到孩子，希望孩子将来有出路。但是，请你注意，只有孩子愿意接受父母，父母才有机会使得上劲。是不是？"

我接着对这位母亲，同时也对着摄像机的镜头，告诉所有父母："扭转了父母与孩子对立的僵局，父母才有机会赢得孩子回头的可能，也才有机会转变孩子的一生。"

我对着面前的母亲说："那能不能请你对你女儿说，妈妈愿意接受你呢？"这位母亲理解了我说的内容，也就破涕为笑地用很高兴的表情对着女儿说了。

我转头对着女孩说："父母不当的管教的确让人受不了，但是在这里，我一样要请你学会接受，因为在你接受之后，你才有机会了解父母心中对你的爱以及在爱中充满的担忧。有一天你也会成为别人的母亲，此刻你的接受，以后当面对自己的孩子，也会为你带来足够的智慧。"

听到母亲对她说出"愿意接受"，女孩也表现出愿意接受别人建议的态度，原本不可收拾的局面，就在这位女孩的说话中结束了：“妈！我也愿意好好地改一改自己的脾气，下次不再伤你的心了！”

父母建设性提问：

（1）如果限制行动会让你难过，那能不能请你告诉我，下次你会怎么做呢？

（2）爸妈知道你自己原来有些安排，但是现在你被限制外出了，那你要如何处理这件事呢？你是不是需要尽快作出些安排？

（3）能不能请问你，处理这件事有没有更好的方法？

（4）其实上网玩游戏，当做课外调节压力的方法也还不错，我希望能了解你如何安排时间，你看好吗？

（5）看来单方面由爸妈作决定，可能忽略了你的感受，要不听听你的看法，你有什么想法不妨说出来，可以吗？

处罚孩子只是手段，重点在于孩子从这件事上能否学会改进，所以在处罚孩子后一定要有沟通，才能起到修正孩子行为的效果。

在处罚孩子的规定中，如果造成孩子在交友外出上的困扰，父母最好站在孩子的角度提出善意的解决方案，让孩子清楚地了解到，处罚的焦点是针对孩子的行为，这并不影响父母对孩子的爱。

有时候，孩子会提出用其他的方式来代替这一次的处罚，父母不妨明确告知可以考虑他的方式。在进行沟通后，了解孩子已经认识到自己的错误后，接受孩子的提议，这会让孩子更愿意去修正自己的错误。

父母学堂——被限制行动的孩子

限制孩子的行动与父母希望达到的目的吻合吗？

提示：

父母限制孩子的行动后，需要观察孩子的反应，如果孩子依旧发生同样的错误，一方面表示孩子在用行动表示反对，二来也代表孩子并没有从父母采取的处罚里，学会正确的做法，父母该换个方法了。

限制孩子的行动该如何避免引起反弹呢？注意到一点：限制孩子的行为要与孩子犯错的原因作出区分，以免孩子误解处罚的重心。许多孩子在受到处罚的时候，常认为是父母对我有成见，这类情况容易发生在年纪较大的孩子身上。

例如开头提到上网玩游戏的案例，父母要惩罚的重心，是孩子不遵守自己的承诺，也就是说父母要孩子重视的是自己错误的行为，而不在于孩子上不上网。因此，在处罚的方式方面要避开孩子上网这件事，才能让孩子正视自己承诺的错误。

在上述的案例中，父亲处罚孩子不许上网，反倒引起孩子错误地认为，父母处罚我是因为上网。而周围的每个人都在上网，无形中造成了孩子的反抗。

父母可以尝试采用以下的沟通方式：

沟通内容：

（1）父母对限制行动的原因说清楚。例如孩子在约定以外的时间上网，父母就需要清楚地告诉孩子，做到自己承诺的事是负责任的行为，也是父母十分重视的事。以及第二个案例，女孩的父母担心孩子因为上网，影响考试的成绩。那就请父母把担心的原因说清楚，然后留点时间听听孩子的意见。当孩子知道父母是怎么看问题的，孩子才有机会调整自己的行为。

（2）告知孩子，父母的标准是什么？举例：做完功课后才可以做自己想做的事情，孩子的成绩要达到什么标准，或是孩子在课外做什么事情的时候，能够通知父母一声，都请父母在沟通中表达清楚。接下来，父母把希望看到的结果是什么，也要讲清楚。把各项规定的标准沟通清楚，孩子犯错误的机率就会减少。

（3）孩子清楚了被处罚的原因，也明白了改进办法，这时父母不妨请教孩子，下回会怎么做？在孩子说出他认为正确的做法后，就算不完全正确，父母千万记得给孩子正面的响应——“爸妈就知道我们的孩子一定会做得很棒的！”

别再数落孩子说：“说了这么多遍，你怎么还听不懂。”这一类批评的话。

（4）当孩子认同自己的错误，也接受父母的惩罚，这时候父母不妨让孩子说说，他认为最好的处理方法是什么？

针对孩子犯错的原因进行交流，能够协助孩子弄明白做错的原因在哪里。孩子不清楚被父母惩罚的原因，才导致孩子反叛的行为。

面对孩子认为“父母就是看我不顺眼，就是要管我”这种情况，我的建议：请教孩子，如果他的孩子做出了相同的事，他将会如何处理？

孩子的提议听起来不错，父母不妨接受孩子的说法，就按这种方法处理。

父母
心得记录：

5、对自己的表现不满意

小强对自己的要求一向很严格，这跟妈妈从小的教育方式有关。刚开始学英文，妈妈就已经为小强订好了三年计划，接下来，每当小强拿着自己认为进步的成绩回来，妈妈总是说：下回你可以考得更高一点。

小强慢慢地不再会欣赏自己，满意自己了！虽然功课上不需要父母操心，但是看得出来，孩子似乎把念书当成向父母证明的工具，不再感觉到小强念书的乐趣了！渐渐地，小强对自己对家人的挑剔指责，逐渐多了起来。对父母的态度也出现了吼叫、摔东西的行为。孩子变得越来越难以接近，个性也越来越孤僻离群了！

※ 满意是快乐的基础，满意是构建在肯定自我的基础上的。缺少了对自我肯定的经验，就会不断地显现出对周遭人、事、物的挑剔行为。

由于母亲的高标准，小强随时都处在不能松懈自我的暗示里，绷紧的压力，让小强对自己的表现，每件事都不满意。

紧张的情绪容易引起易怒、缺乏耐性等行为，加上对自己不满的情绪干扰，行为里就会缺少对别人包容、忍耐的礼貌。许多父母会受困于孩子动不动就出现愤怒、指责、批评、让人讨厌的行为，却没有思考造成孩子这种性格的因素。

※ 满意才能带来满足。

对自我努力付出的成就感，对自己成绩的自豪，对自己表现的肯定，这些对自我的认同，能够提升对自我的包容与期望。能够包容与接纳自己的孩子，才能用相同的态度对待他人。

父母在日常生活中（念书只占小小的一部分），在孩子做对事的时候，及时表现出兴奋的鼓励，日积月累，就能培养孩子表现出良好的态度。

可爱是个眼睛圆圆的，额头长的很好看的两岁半女孩，第一次看到她的印象是撅着嘴，一看到她的眼睛，就感觉到她对每个人的不信任，我猜想这应该是父母对待她的方式造成的吧！

正好有机会与可爱一家人一起吃饭，每当可爱掉了个饭粒、菜渣什么的，坐旁边的父母就会很紧张地出手去捡拾，或是拿个纸巾帮可爱擦嘴，孩子左躲右闪，就是不情愿让她的父母如愿以偿。

我在旁边没说话，等到可爱的父母都忙完了，孩子吃饭的兴致已经被打乱了，坐在椅子上吵闹不堪，最后当然是小可爱赢了，下了饭桌自己玩去了。这时候我才方便说出我的看法：

“让孩子学会把一顿饭吃好，真不简单。”我对着可爱的父母说：“尤其是三岁以前的孩子更难教，看到你们现在手忙脚乱，让我想起女儿三岁时候自己的样子。”可爱的父母听我这么说，大概觉得释怀了一些。我接着说：“因为孩子的智力发育还不完整，这时候教育孩子，最好是一次只针对一件事。譬如刚才可爱吃饭，要教孩子把饭菜吃完，就不适合在孩子边吃的时候，做太多干涉的动作，一会帮孩子擦擦嘴，待会又捡起桌子下的饭粒，最后孩子连吃饭的兴趣也没了。为什么呢？吃饭对这个年纪的孩子其实是个高难度的动作，眼睛要看着碗里，手还要配合得恰到好处，才能把饭正确地送进嘴里。”

看到这里，有没有发现，父母能做的，只是在孩子做对的时候，赞美孩子做得真棒。没有赞美，加上干扰的动作，孩子当然失去了吃饭的兴趣。

这对年轻的父母学习的很快，第二次去他家吃饭，已经学会在可爱吃下每一口饭之后，给孩子积极的鼓励。奇迹来了！可爱看到爸妈给她掌声，她也会举起小手一起高兴地拍着。更棒的是孩子的眼睛里，不再是酷酷的，不信任人的眼神，而是见到我也会给我掌声的快乐孩子了！

时刻在孩子做对事的时候给孩子掌声，掌声是化解孩子对自己不满情绪的最佳方法。这么做孩子可以逐渐找回对自己的肯定，慢慢地，孩子开始满意自己的表现，开心地笑起来了。孩子在肯定自己之余，也学会肯定别人的付出，对于家人也不显得那么挑剔了。

现在当我再遇到可爱，这位眼睛大大的漂亮女孩，已经学会对我招手，喊我阿伯了！这感觉真好！

父母建设性提问：

（1）很不错啊！会不满意自己的表现，表示对自己的标准已经提高了许多，这一点就值得父母好好夸奖你了，需要和爸妈聊聊吗？——父母一开始就用正面的态度来化解孩子的情绪，并为孩子的表现找出值得鼓励的理由。

（2）你已经找出来这一次（竞赛、考试、做家务、交友、打游戏、上台表演）不满意自己的原因吗？这很了不起，父母可以给你个掌声鼓励吗？——肯定孩子的自觉也带动孩子的积极性。

（3）你现在的不满意是对自己的成绩，还是对自己的努力？父母的看法是，在感觉到不满意自己时，你就已经开始进步了。——帮助孩子找侧重点，成绩还是努力，同时给了孩子一个重要观念，开始就是进步。

（4）父母可以表示一些看法吗？我们觉得你值得为自己的付出、努力喝彩，毕竟你已经知道自己可以做得更好，那是更重要的事。——协助孩子强化正确的观念，知道自己可以做得更好。

另外，大的孩子会在许多事情上不满意自己的表现，却又不清楚愤怒的原因。其实愤怒已经传达出孩子渴望改进的意图，只是还没找到解决的方法，愤怒只是一时的表面现象。

孩子不满意自己的成绩，意味着孩子将焦点放在与他人的比较之中，这会让孩子养成对外界的评价斤斤计较的习惯。这时候需要父母从旁协助，让孩子清楚有哪些表现是很棒的，有哪些是孩子已经尽力的，父母提出具体的事实和孩子讨论，或是提醒孩子，只要在做对的事，就要学会给自己肯定和鼓励。成绩，有时候是逐步累积出来的结果。

※不满意正是转换为追求更好结果的动力。

孩子表现出不满意自己，父母的肯定，鼓励，是将孩子不满的情绪，转换到追求更好结果的动力。

年纪大的孩子请他写出来，需要改进的具体事项及方法，对化解孩子不满的情绪会有很大的帮助。

父母学堂——对自己的表现不满意

父母对孩子的表现满意吗？请现在就写下孩子值得表扬的行为。从今天晚上就开始，表扬孩子做对的事。

提示：

在对孩子的教育中，父母如有较多的批评，较容易让孩子对自己的表现觉得不满意。

不满的背后常隐藏了对自己、对他人挑剔、批评、恶言相向的情绪。防止孩子产生类似的性格，从小对孩子的赞美、信赖、欣赏会是最有效的解决方案。

沟通内容：

说说在父母眼中，从哪些事上看得到孩子的长处，孩子的天分，以及孩子做事上值得夸奖的行为。请孩子关注自己的付出，找出自己值得赞美的地方。

※当孩子从小学会了接受，接受不完美的环境、接受不完美的周遭，也同时学会接受不完美的自己。

接受是人生的一门功课，代表认识真实的自己，这就比其他人拥有更多的机会去面对自己，并从面对不完美的人生，找到成长的力量。

6、被侵犯权利

被充分尊重权利的环境下长大的孩子，才懂得尊重别人的权利。

生活中最常见到的案例，男孩为了别人用眼角瞄了自己一下，就将对方打得头破血流。最近才在报纸看到一则新闻，说一位高中女生，怀疑同学在背后造她的谣，竟然纠集一帮校外的学生，将这名女同学扒光衣服，拍下裸照放在网络上流传。

在我处理孩子因为愤怒造成的过失中，感受最深的，就是孩子对于权利的误解。孩子只站在对自己有利的一方，却忽视他人拥有和自己一样的权利，以及对女性保持的尊重。

多数父母在孩子发生问题时，推说只是孩子的脾气不好，或是受到别人激怒所造成的。其实父母只要在生活中尊重孩子的权利，观察孩子经常发生的错误行为，诸如打架、争风吃醋、毁损别人的东西、报仇、挑衅、堕胎等，是可以避免的。

建立对权利的正确认知，有助于孩子在待人接物上表现出得体的行为。

在自己的权利被维护下长大的孩子，懂得尊重别人的权利。譬如教导孩子待人的礼节，父母从小对孩子礼貌才是决定孩子行为的基础。

另有一些权利则来自争取，这对中国式教育长大的孩子是种挑战。孩子需要学习为自己的权利主动表示意见，例如在学校，公平待遇的权利，不被干扰的权利，参加竞赛、获奖的权利。

权利就像是放置在餐桌上的各式菜肴，孩子要学着主动取用，而不是等到别人都作出决定，自己没得选择，事后才又气自己，为没有争取应有的权利而愤愤不平。

这就要谈到父母的教育，如果事事都为孩子预先设想安排好，孩子缺少为自己争取权利的经验。到大了，对别人的决定就会显得唯命是从，事后又觉得心里不舒服。左摇右摆的风格不仅惹人讨厌，也让这类人格的孩子，经常陷入该不该做、要不要说的挣扎之中而苦恼万分。

教导孩子争取应有的权利，这包含考试成绩少给了一分，学校、老师作出了错误的评价，父母听到闲话造成的误会等。争取，在了解自己应得的权利之后，也同时清楚了行使权利的范围，以及他人应享有的权利。

维护自身权利的方式是建立在相互尊重的基础上。

在争取自己权利的过程中，孩子对权利的定义、价值及范围，有了正确的观念，那代表孩子在享受权利之余，也学会为权利去付出相应的义务。

在孩子感受到自己的权利受到侵犯时，父母可以参考以下的提问。

父母建设性提问：

（1）如果在我身上发生这种事我也会很愤怒，那你觉得要如何处理，你才不会生气呢？——认同孩子的感受，会令孩子滋长面对问题的勇气。

（2）噢！真的很不应该！我可以体会你被别人侵犯后不愉快的感觉。孩子你愿意说说当时是如何发生的吗？——理解孩子，引导孩子说出心里的想法。

（3）嗯！我能理解你心里的难过，那你当时有说出自己的感受，请对方不要这么做吗？——在表示理解孩子之后，也提示孩子正确的做法。

（4）你说同学不许你和另一个同学交往，清楚他这么做的原因吗？或许，你把事情弄清楚，反而能解决同学之间的矛盾也说不定。——重复孩子说过的内容，父母技巧地提出解决问题的思考方向。

（5）老师说你的成绩已经很棒了，所以不许你参加这次的英文竞赛，我知道你好难过，但你清楚老师的用意吗？你愿意自己请教老师吗？——先认同孩子的情绪，也提出父母的建议，并且教育孩子懂得向代表权威的老师，争取自己有知道原因的权利。

中国式教育对于孩子从小的礼节，要求温文尔雅，避免与他人发生冲突，却忽略了教导孩子如何维护自己的权益。孩子在这样的环境下成长，容易丧失表达自己立场、坚持自己价值观的勇气。

父母在提出建设性提问的技巧上，有必要鼓励孩子，为自己认为对的事情敢于去发声，维护权益。

也要教孩子从善如流，以及就事论事。对，就全力争取；不确定或者不明白的事，也要懂得请教他人，别为了面子，顽固地拒绝他人好的意见。

父母学堂——被侵犯权利

教孩子清楚自己的角色、人际之间的关系、自己所处的立场，孩子才能对自己的权利有清晰的认识。

提示：

多数时候孩子的愤怒来自对自己权利及权利范围的误解，给孩子足够的时间，说清楚自己的想法是非常重要的。错误的行为，或是愤怒的举动，只是孩子情绪影响的结果。

找出孩子在观念上不够清楚的原因，才能帮助孩子。这时候，来谈体谅父母，才不至于包藏孩子的错误，惯坏孩子的习惯，让孩子明确正确的改进方向。

解决孩子在权利被侵犯后的愤怒只是开头，问题的根本，还是教育孩子对权利有正确的认知。让孩子懂得维护自己的权利，却又能赢得他人的信赖与接受。

沟通内容：

权利——在规定的范围内，充分发挥自己的能力。

人生不同的阶段，就有不同的权利。孩子还小时，父母只给予有限的权利，为的是保护孩子。孩子有了做对事的能力之后，权利自然随之而来。这说明，真正有价值的权利，来自我为别人带来的贡献。

权利的价值：让每个人能有更好的发挥机会。一方面孩子要学会争取权利，那是为了让自己能有更好的表现机会。另一方面更要教孩子学会对拥有的权利善尽责任。

对权利的正确认识，能够带动孩子在同理心方面的体会。

当孩子对权利有了真正的理解，在权利遭受侵犯时，也能从自己发挥的好不好以及是否善尽责任，这两方面去思考，就不存在愤怒的情绪了。

父母
心得记录：

_ _

_ _

_ _

7、没得到他人善意的回应

对方的回应是否善意，标准其实是建立在自己能否被满足基础上的。放下对他人的要求，也就放下了引发愤怒的动机。

建立孩子正确的价值观，是十分重要的人格教育。当孩子认为这是应该做的，那就放手去做，孩子就比较不会受到他人态度的影响。

例如孩子常会计较：我这样子对朋友，朋友却反过来批评我。或是说：同学一有困难，我就主动地帮助他们，为什么我有事的时候，每个人都不帮助我？

这些现象显现了孩子困扰的原因——孩子采取行动的动机，为了赢得他人的认同，而非出自内在的价值观。

美满是我在成都上课时遇到的一位女孩，长得甜甜的脸蛋，配上一对又大又圆的眼睛，让看到她的人都会留下深刻的印象。十七岁，高三，准备考大学的学生。这位女孩让我记忆深刻的原因是她待人接物的礼貌。等遇见美满的母亲——一个离婚十多年，独力抚养孩子的单亲妈妈，我对美满才有了更真实的了解。

在美满七岁时候父母就离婚了，独立抚养孩子的重担全部落在母亲的肩上。无计可施逼的从没有做生意的美满母亲，不得不到批发市场去批些衣服来卖，可以想象得到，母女两人吃足了苦头。

“我小时候常常睡在妈妈批回来的衣服堆里，写功课也是随意地趴在装衣服的纸箱上。看到母亲为了生活，每天忍受着吃不好睡不够的辛苦，我能帮妈妈卖一件衣服算一件，就算遇到态度不好的客人，也早就学会不在意了！遇到对我好心的客人我也会特别的感谢他们。”

“赵老师，您问我会不会因为别人的不好响应而生气，我觉得其实没什么好气的，只要我对他们的响应更好一点，几乎大多数客人对我或是对妈妈的态度都是不错的。”

上面这段话是我请教美满，当有的人态度很恶劣的时候她如何处理，她给我的答复说明了为什么穷人家的孩子往往可以突破困境的理由，他们从小清楚自己的位置，不苛求他人的响应，他们懂得珍惜别人一丝丝的善意。珍惜，就是有意义的价值观。

像美满一样环境下长大的孩子，早早就学会从正面的态度来看待及处理别人的响应。这也是美满的家庭现在已经十分富裕，但孩子依然保持着待人谦和的原因吧！正面的态度也是种价值观。

多数时候，我们习惯用对方的响应来评定自己行为的价值，因此对做过的事都会期待，寄望对方给予自己高度的评价，或是对等的回报。而这种期盼恰是引发不满、愤怒情绪的源头。肯定自己，是个很重要的价值观。

相较于像美满这样的孩子，他们对善意充满渴望，也造就他们对于每个善意都报之以涌泉，长久下来培养出处处受人欢迎的人格特质。对于别人的善意或是恶意，都不影响我的诚意响应，这是多么棒的人生观。

台湾有句俗语“吃苦就是吃补”说的就是这些在困境中长大，其实是有福气的孩子们。

而有些孩子常对他人的回应斤斤计较，造成困扰的原因，和父母对孩子的表现言过其实，或是夸大孩子的能力有关。父母固然要不吝于赞美孩子的优点，却也要守住就事论事，以孩子的表现作为夸奖的底线，真实是所有价值观的基础。

父母建设性提问：

（1）很棒啊！你看，你为别人做了这些事，自己有没有觉得很高兴？觉得自己很会帮助别人？——把孩子的行为，定位在做人的价值观上，这一点值得推广给所有父母。

（2）当你为别人做这些事时，有没有先请问对方“我这样做，对你有帮助吗？”——这个观念很重要，帮助别人之前，先放下心中的高傲。教会孩子要学着请教，帮助别人，不是我要做什么，而是请教对方之后，知道自己该做什么和能做什么。

（3）我就知道我的孩子是最棒的！请你说说是如何做这些事的，好吗？——请教孩子，就是给孩子最好的奖励。在孩子说明的过程，清楚看到孩子的思考能力及处事方法。

（4）做完这件事之后，有没有发现自己很厉害？其实，对自己能力的肯定，就已经是最好的回报了，你的看法呢？——赞美孩子的行为，父母也不忘修正孩子的价值观，对自己的肯定，远胜过别人的回报。

（5）你已经把最棒的动作都拿出来了！别人没有对你表示感谢（或是长辈没有适当地夸奖你），你能不能为自己争取一下呢？比方说，你直接告诉对方，我是真心为你做了这件事，很希望能得到你善意的响应，孩子，你说呢？——争取得到别人善意的响应，对于孩子在团体中的相处或是建立人际关系，都是有益处的。

孩子付出了善意，会很在意能否得到别人的认同。父母在得知孩子的感受后，最先要做的就是给予孩子赞美。当孩子的情绪得到舒缓，才适合给孩子一些建议，诸如建议孩子可以请教对方：

“能否请你告诉我，对我做这些事的评价？”

更重要的是让孩子明白，帮助他人，能对自己有高度的评价，这才是最值得高兴的。

父母学堂——没得到他人善意的回应

帮助孩子建立自己的价值观，能避免对他人态度的计较。教孩子用积极主动的态度，善做自己能力所能及的事。

提示：

响应的权利操之在他人，所谓善意的响应，代表对方响应的深度满足了自己的标准。所以让孩子去思考，认为对方的善意不足而愤怒时，是否代表自己要求他人的标准太高了。

在写完这篇之后没几天,看到了Google前全球副总裁李开复先生的自传。

李开复原任职微软公司，是比尔·盖茨最为倚重的左右手，在选择去Google后，微软随即对他采取了铺天盖地的指控，让他的体重迅速下降，整个人变得憔悴不堪。其中有段话值得给父母作参考：

“在面对质疑和困难时，唯有家人的支持是我迎接挑战的最佳源泉。我终于意识到，失去勇气就意味着丧失了面对挑战的机会。我一生的座右铭就是“人生在世,我们要用勇气改变可以改变的事情,用胸怀接受不能改变的事情,用智慧分辨两者的不同。”

每个孩子的成长，都会面临类似的发生，恶意的攻击，不友善的响应。孩子懂得正确的选择，就能像李开复在书中的叙述一样，他选择不再与微软大大小小的负面报道争论，而是全心全意集中精神去解决问题。

能够挣脱内心里对他人的控诉，我们才有机会作出智慧的选择。控诉让我们陷入在别人的指责，而智慧恰是为结果找方法。当李开复不再受到外界批评的影响，赢得了与微软的官司，也赢回自己的荣誉。

对别人不善意的响应，能抛开对与错的争论，始终遵循自己的价值观，而作出正确的响应。父母培养了孩子这方面的人生观，将逐渐看到孩子健康、快乐成长的精彩结果。

沟通内容：

帮助孩子明白，在爱中没有计较，就没有情绪的干扰；因为对爱的人没有设立标准，所以能从每个响应感受到善意。

欢喜做，甘愿受。我在美满身边观察到，美满对母亲给她的一点一滴的支持鼓励，总是用甜甜的笑容，亲切的语气回应。我想美满从生活中的苦楚里已经学会了感恩，学会了用爱来接受每一个事情的发生。

感恩让生命里美好的事情不断重复，不断扩大。

这是一堂非常有意义的课，我们常因为挑剔别人的响应，却带给自己无名的情绪。因此，每当看到孩子对他人的响应有不满情绪时，不妨请孩子看看自己哪里没有被满足，是不是把对别人回应的标准定得太高了。当孩子拉回找寻别人缺点的镜头，瞄准自己，就能找到改善自己行为的方法了。

父母
心得记录：

8、无理的愤怒

情绪的发生与记忆是相连的，影响孩子最深的首推父母对待孩子的态度。每当这些记忆引发了愤怒，往往孩子也不明所以。

愤怒的孩子，或许并不清楚愤怒缘由何在，这时孩子需要的只是一点点的支持，一点点的理解就好。

处理孩子无理的愤怒，父母需要掌握一些技巧，在表达上要避免询问式的语言，例如：

“你是不是哪里又不对劲了？”或是要孩子说出他愤怒的原因。

“你说啊！光是撅着嘴也不说话，你是要急死爸妈啊！”

父母的压力只会阻断孩子与潜意识交流的机会，最好的办法就是给孩子一些独处的时间。

国强的父母是属于凡事都很强势，对孩子的琐碎事情也常常出面干预类型的父母。由于国强父亲与教育单位的关系不错，国强从普通学校转学来到了当地的知名高中。

国强在原来的高中学习成绩一直排在前三名，现在面临着竞争的压力，每次回到家，常常对父母莫名其妙地发脾气。

有一天，国强回家来又是闷不吭声，见了谁都不打招呼就回自己房间了，妈妈不放心，跟了进去。国强居然大声地嚷嚷起来：“你别进来，我讨厌你们！”母亲紧着追问原因，也听不到孩子有半句话。母亲急了，也没有先征求国强的意见，第二天就去了学校找老师了解情况。

第二天国强回到家，眼睛瞪着母亲，好像是要说什么，不一会儿却流下泪水。从那天起，国强就再不愿回学校上课，也不开口说话。没有人知道真正的原因，也没有人知道如何处理。国强爸妈曾经试过请老师同学到家里来，国强也会和他们聊天，但是就是不回学校，也不和父母说话。

国强父母找到我的时候，孩子已经不上课近两个月了。满脸的焦虑、疲惫让人一览无遗。但是国强母亲强硬的口吻，倒是让刚接近的人不由自主地就充满戒备。看到这个情况，我心想，我大概能帮助这孩子！

每次上课，国强的母亲一见到我，开口就是："赵老师，没有用，我听完回去，用您说的方法，我的孩子还是不理我，怎么办？"

我知道真正的原因在哪里，但是我没办法说，那得要国强的母亲自己去悟出来才有用。我只能说：

"别急嘛！只要你改变了，你的孩子就会改变的。"

国强的妈妈则是一如既往，很强势地说："我有改啊！但是我的孩子老是不改，我该怎么办？"

我告诉她："不是你有没有改，而是你的孩子认为你改了没有，才是重点。"但我也知道改变是需要时间的。

我的课一堂堂上着，也看到这些父母一点点改着。原本强势的父母，在处理孩子的事上有了弹性，原来是随时随地命令孩子做这做那的作风，现在则学会了倾听。

先是有位孩子跑来教室看我，说他想知道是谁，让他的爸妈改变的。接着听到了我期盼许久的消息！国强自己告诉母亲，他要回学校上课了！母亲讶异地问他什么原因？孩子说：

"因为你改变了，你开始尊重我了，所以我也要改变。"

前几天接到国强妈妈的传话："谢谢你！赵老师。国强现在书念得非常好，更重要的是，我和孩子的关系越来越好。现在我终于了解当初您教我们的观念多么重要，如果早些学会，懂得接受孩子的情绪，也知道如何留下空间给孩子，国强也不至于白白浪费半年时间。"

国强不去上课的原因，他的母亲后来才明白，当时如果给国强自己处理情绪的空间与支持，而不是冲到学校找老师理论，问同学原因，伤到孩子的自尊，这件事根本就没有发生的机会。

遇到孩子情绪不好，有时候拉着孩子的手，告诉孩子："爸妈能理解你的心情，说出来就好。"或者说："要不要我们先出去一下？你自己静一静？"比父母做什么都有效。

或是搂着孩子的肩膀说："别操心！爸妈有时候也会发生类似的情况，想发脾气，想找人吵架，过一会儿自己理顺了就好了！"

等到孩子的情绪平稳了，才来协助孩子找出原因，对于孩子认识自己会带来很棒的结果。

父母建设性提问：

（1）我们不理解你愤怒的原因，你想说出来吗？说出来，我相信你的心情会好一些。——接受孩子的现况，没有批评，没有指责。

（2）你还是很愤怒吗？那我是不是给你一点时间，等你气消了，我再来听你说说，如果到时候你愿意说的话。——父母的等待，让孩子感受到父母的包容。

（3）哦！我们家的宝贝生气啦！如果你想出去玩玩或是找同学，可能对你比较有帮助？如果你需要爸妈介入，也欢迎你随时找我们。——用积极的态度导引孩子处理情绪，同时让孩子感受到父母的支持。

※快乐是动力，愤怒也是动力，快乐的力量固然受人欢迎，但是别忘了，快乐常造成我们失去重点；愤怒不见得就不好，许多时候，愤怒更容易激发人的潜意识，更让人聚焦自己需要改进的重点。

孩子在成长过程中常会有高低起伏的情绪，父母不需要大惊小怪，也不要置之不理。接受孩子的愤怒并表示理解，让孩子在处理的过程，知道自己并不孤独。这对辅导孩子的心理，会起到好的作用。

※愤怒的发生，来自于无法满足自己的需要。这与孩子看问题的角度、沟通的深度、表述的方式都相关联。

父母透过理解孩子愤怒的过程，可以清楚孩子的立场、看问题的角度，或是愤怒来临时孩子的想法，才能帮助孩子找出情绪的盲点。

愤怒让孩子有机会发现自己的看法、某些观点不能获得他人认同的原因，有利于孩子理清自己的思路。

请给孩子面对自己愤怒的机会，甚至导引孩子表达出内心深层的感受。请告诉孩子不用害怕争论，争论具有拓展看问题角度的功能，并且请孩子学习去聆听别人反对的原因，以及支撑反对的理由。这些都是教导孩子面对自己情绪，找到收获的重要课程。

父母学堂——无理的愤怒

接受孩子的愤怒，是父母对孩子表示包容、理解，表示爱的最佳时机。

提示：

孩子对人、事、物的认知建立起记忆，所以当孩子在认知上发生了困惑，拿不定主意、不知道该如何进行下一步处理，就容易表现出愤怒情绪。

舒适环境下长大的孩子，动不动就愤怒或是发脾气，这提醒父母，在疼爱孩子之余，穿衣吃饭多些让孩子自己处理事情的机会。长大了，念书交友娱乐，到整理房间，安排学习进度，也放手给孩子，让他自己作决定。

EQ值较高的孩子，并不表示这个孩子的天分如何，而是在成长的过程作出判断，承担责任的经验比别人多，是后天培养出的结果。

沟通内容：

说说父母自己的经验——愤怒带来的力量。一些令人愤怒，过去发生的事件，最后却转变成影响一生的收获。

孩子分享，父母从旁观察孩子的看法，每次发脾气都有那些相关的因素存在，以及情绪结束后，孩子的成长及收获。

处理孩子愤怒的过程，是让孩子多表达。父母的作用是找出孩子观念纠结不清，导致行为偏离的源头。观念清楚了，然后请教孩子，接下来你会怎么做啊？

父母
心得记录：

_ _

_ _

_ _

结语

在第一把智慧的钥匙——建设性提问这一章节，列举了8种孩子愤怒的原因，每个原因都是孩子告诉我的。

可惜的是，多数父母的处理过程，常不经意留下错误的教导、错误的观念，影响了孩子一生的人格特质，也间接影响了整个社会的成长。

有这么严重吗？是的。

记得有次看到一个孩子被个石头给绊倒了，孩子哭哭啼啼地喊疼，在旁边的母亲用手打着石头对孩子说：

“不哭不哭，妈妈打这个石头，都是石头害我们宝贝摔跤的，打你这个石头。”

孩子学会把自己的错误，归罪给外部。类似的情况在生活中处处可见，孩子打架，父母总是先指责别的孩子的错。孩子的功课、考试成绩不理想，父母跑到学校找老师理论。孩子看到父母不断地在为错误找理由，影响孩子学会承担责任，也留下一辈子偏差的观念。

父母的职责，不仅是安抚孩子的情绪，还得教导孩子做正确的事。例如把摔跤的过程再做一遍，指导孩子如何不被石头绊倒。孩子了解到，哦！原来调整一下方法，我就不会再摔跤，下次知道该怎么做了。更重要的收获，学会为错误找到解决的方法。学习是孩子累积自信的基础。

如果父母请教打架的孩子：“这是你要的结果吗？两败俱伤。能不能请你想想，下次再发生类似的情况，会怎么做？”相信孩子就可以找到更好的方法。

考试成绩不好，如果父母这样请教孩子：“对这次考试成绩有些什么想法吗？还是有什么改进的方法？”孩子从父母建设性的提问中，学会找出改进功课的方法。

找到方法，能让孩子积累对自己的肯定，就能避免负面情绪的发生，那才是父母教育孩子的主轴。

建设性提问带给父母的协助，是从孩子发生的每件事，找出“如何”帮助孩子成长，建立正确的人生观，让孩子认识自己，肯定自己。

如何的价值——每件事都可以找到好方法。

第二把智慧的钥匙：把选择权还给孩子

针对上述8项引起孩子愤怒的内容，总结出愤怒与面对问题时的无助有关，也就是说，当孩子解决问题的能力越强，受到情绪影响的机会就越小。

在这一章节——把选择权还给孩子，恰是处理孩子情绪问题十分重要的环节。让我们看看在这方面给父母的建议：

1、把说明主动权还给孩子

遇到孩子正在脾气当中，请父母学会等待。不要急着让孩子在愤怒之中就把原因说清楚。给孩子时间，学会与自己的愤怒相处，等到愤怒的情绪沉淀下来，才容易找出引发愤怒的真正原因。

对于较大的孩子，等情绪发泄过去了，孩子自己会找出真实而有意义的结论。此时，愤怒反而带给孩子一次有意义的成长经验。

当孩子不再受到情绪的控制，父母用请教的方式让孩子说说经过，可以让孩子借由说明的过程，把原本混乱的思绪，整理出井然有序的本末。

说明是指使用逻辑、有条不紊、按事情发生的先后还原的过程。

孩子尝试着把问题说清楚，是从混乱中整理出规律，把事情的头尾重新理顺的一次宝贵经验。

习惯于强势作风的父母，常会制止孩子的表达，或是在说得不清楚的时候缺少耐心。这些缺少交流沟通的孩子，往往在人际关系上，以及在竞争的环境中都表现较差。父母不可不慎。

2、把处理愤怒的方法交给孩子选择

引发孩子愤怒的事情，许多不是父母能理解的。协助孩子正视自己的情绪，在处理的过程累积收获，这是父母能做的。可以用这样的方式表达：

“你可以自己解决吗？”——让孩子清楚父母的态度。

“需要父母的时候，请随时告诉我们，还是说，你来？”

多数愤怒的发生与需求没有得到满足是相关联的，也有的时候是出于害怕。父母出面解决孩子的问题，孩子会丧失掉找出需求的机会。另外，外力的介入会破坏孩子思考问题和解决问题的能力。父母可以试着这么表示：

“乖孩子，要不要找找看，是哪方面不满意，让自己觉得很生气？”

“是不是因为难以作决定，或是对结果没有把握，所以才气嘟嘟？”

父母能为孩子做的，在方法上多一些选择，在考虑问题的角度上多一些看法。例如：

“不满意现况，很好啊！那有跟同学谈论过，是对谁的做法，还是对哪个地方不满意吗？只有找出原因，才有改善的方向。你说呢？”或是：

“爸妈可以给个建议吗？丢开让自己很生气的事，先接受自己的很不高兴，很生气，你要不要试试，大声地吼一吼，说不定心情会舒服点。”

遇到女儿不高兴的时候，我不会急着问孩子原因，看她难过的样子，反而会鼓励孩子，要不要叫一叫，有时候也会说，想哭就哭出来。

但是请记住，父母只是提供不同的选择，以及从不同角度看问题的方法。孩子要不要去做，如何执行，让孩子自己作决定。不要因为父母提出方法，孩子没有照着做，父母又是一顿指责。

※ 何谓处理？就是清楚自己要达到的结果，并找出得到多数人认同的方法。

3、教孩子懂得争取自己的权利

世界的进步是从矛盾与冲突中一步步走过的结果，培养孩子未来的竞争力，孩子要懂得争取自己的权利。这对于在亚洲长大的孩子尤其有意义。

争取，现代的这些孩子很少有谁知道自己真正喜欢什么，要什么。从小到大，孩子还没表达，爷爷、奶奶，外公、外婆、爸爸、妈妈早就把一切都准备好了，孩子只要张口伸手，所有问题立刻解决。

没有争取，就没有珍惜。争取，孩子才更清楚自己的渴望。这需要让孩子身旁的父母学会等待，等孩子找到自己的需求，等孩子全力争取，等孩子发出需要帮助的信号，然后让孩子知道，父母深深地以他的表现为荣。最后，请孩子自己选择如何解决。

在争取的过程，即便产生矛盾冲突，遭受别人排挤，恶劣的情况下，教导孩子学会为自己的想法、做法、主张，使出全力，争取表达的机会。

父母无需担心孩子与别人争长论短，而是导引孩子，如何在冲突与矛盾的争论过程，说清楚自己的观点与感受，同时保持客观的立场，或是当环境与自己的价值观产生冲突之际，如何作出明智的抉择。

只有争取过，只有经历过，只有深刻的体验，孩子才能从争取的过程，验证自己的观点是否正确，也唯有全力争取过，结果对于孩子才是弥足珍贵的收获。这也是孩子积累成就感的重要过程。

父母学堂——把选择权还给孩子

选择，意味着清楚自己的立场，清楚自己追求的结果。争取，代表对自己的选择充满肯定，并全力以赴地付出努力。

提示：

让孩子从错误中学习，在摸索中尝试，在选择的过程中开拓视野。

父母对愤怒采取积极的面对，能帮助孩子找到真实的自我。

沟通内容：

在面对工作、同事、家庭一大堆压力下，父母是如何选择乐观的情绪；当孩子让父母气到快要失去理智，父母也从没有失去对孩子的爱，还要想办法帮助孩子。这些时时刻刻发生的事，父母是怎样克服的？

每天几分钟时间聊聊父母一天的心情，电视剧里男女主角的选择，父母是什么看法，都是孩子渴望听到的。

父母说说因为固执带来的伤害和因为不愿意面对问题、选择逃避造成的遗憾，这些都是父母与孩子沟通最好的题材。

第三把智慧的钥匙：订立明确的标准

愤怒的来临，是帮助父母了解孩子的一种工具。

孩子冲撞到父母的规定，责备引发了孩子的愤怒。处理前请父母先思考一下，孩子愤怒的原因，可不可能是孩子不清楚某些规定，或是对父母的要求不理解。父母只针对孩子错误的行为，大发脾气，却忽视了孩子为什么做的动机，让孩子有种委屈感，自然引发亲子之间的争论。

建立标准有助于父母与孩子之间的相处：

1、孩子可以表达愤怒，但要尊重长辈

※ 包容是在一定的尺度内，接受孩子的自由选择。

※ 纵容却是不设定任何规范，而任由孩子随心所欲。

孩子向父母、老师、亲戚、长辈争取什么，这个时候，尤其要注意孩子的礼貌。父母可以试着这么说：

“在表达的内容上，你可以有什么说什么，但在对长辈的礼貌上，很抱歉，请你注意自己的态度。”

在课堂上我常会模仿孩子愤怒的行为，并请教父母的看法。如同我的女儿有时对奶奶用大的声音说话，我不会直接说她这么做不礼貌，我会学她的样子，然后请问她听起来舒不舒服。

父母也可以尝试看看，批评孩子容易引起对立。学学孩子愤怒的模样，

不失为修正孩子行为的轻松方法。

2、父母可以表达自己的立场，也给孩子相同的礼貌

台湾网络龙头雅虎奇摩总经理，一位43岁的女性，叙述自己如何由一所普通护理学校毕业后一路做上奇摩总经理的成长历程时说：以前直瞪瞪地只是会做好自己的分内工作，一直到有一天主管告诉她，

“成就的关键点，不只是专业，还有影响别人的能力。”她一下子领悟出父母从小教养她的真谛：好的答案，是双方都会受益的。凭着这份包容别人的胸怀，聆听他人的表达，给予不同意见的人绝对的尊重。她，缩短了成功的时间。父母使用批评或是判断的用词，常是引起孩子愤怒的原因。例如：

“你就是强词夺理”、“明明就是你做错了”、“你说的都是歪理”等等。

示范给孩子看，采用正面的语言，尊重对方的表达，最能够起到教育孩子的功效，也能得到更好的效果。比如这么说：

“父母的意见已经说清楚了，请说说你的看法吧！”或是：

“虽然很不高兴看到这件事，但是爸妈还是希望听听你的说明。”

小时候，父母的吆喝与命令是处理孩子琐碎事情最有效的方法。很多父母在上课中，表达了相同的困惑——我们被爸爸妈妈叫过来叫过去的，我们怎么没有这么多情绪，现在的小孩子怎么这么娇贵，父母讲几句，动不动就离家出走。

是的，现代社会大量的信息，带给了孩子更多的比较。光是电视播放的内容，就有太多不同文化的冲击。我们不能再寄望用过去的方法，教育这一代的孩子。

当父母放弃命令的权威，采用积极正面的表达，孩子一方面接受度高，更棒的是孩子从中学习到了如何表达——申诉自己的立场，尊重对方的权利，真的是个很棒的教育方式。

※申诉，完整清楚地说出自己的立场，真实的看法，而不涉及别人。

譬如父母针对孩子的错误行为，采用申诉的方式表达：

“希望你可以听听父母的想法，可以吗？父母尽心教育你，但是，行为还是要靠自己把握。看到你这么做事，会让我们心里很难过。你说是不是？所以，请你想一想自己该如何调整，好吗！”或是很简单的说法：

“做任何事都要懂得尊重别人，这是做父母对孩子的期望，你自己觉得呢？要不请你说说自己的想法。”

用申诉方式教育孩子，父母反映回来的结果，都说孩子的变化很大。我

想也是，父母说出心里话，没有批评、责备，或把孩子犯错的内容拿出来数落一番。孩子听到父母的真实感受，没有哪个孩子会不受感动的。

带给孩子更重要的影响——父母在叙述的过程或是内容里，仅止于表述父母的爱、期望与看法。将来孩子也用同样的态度对待他人，父母的行为给了孩子受欢迎的人格魅力。

影响孩子最大的力量就是父母对待孩子的态度与方法。这里说到许多父母常说的话题“我的孩子正好处在叛逆期”，有这方面困扰的父母不妨试试书中的建议，看孩子还会不会有所谓的叛逆现象。

给孩子申诉的机会，就能带给孩子影响其一辈子的力量——尊重。

在一开始举例的那位杰出女性，相信她的家庭教育该是幕后推动的主要原因！

请现在开始！请父母现在就开始给您的孩子申诉的机会。

3、让孩子选择用自己的方法去排除情绪

看到孩子压抑了自己的愤怒因此显得坐立不安，情绪波动很大，孩子找不到宣泄情绪的出口。父母可以用建议的方式提出：

“孩子，你会想哭吗？那就哭出来会比较舒服。”

“乖孩子，你会想要找个人说说话，不妨找你最要好的朋友出去聊聊，你看呢？” 或是提议：

“你要不要和同学一块出去玩玩，让自己心情好一点。”

有些孩子会一整天都不说话，或用不耐烦的口吻表达：

“你们烦不烦！能不能不要理我？”

这时有些父母会忍不住也唠叨两句：

“看你这个孩子，我们是关心你，怎么你还嫌我们烦？”

其实父母多些体谅，接受孩子的愤怒，也接受孩子用自己的方法处理情绪就好。

按照美国心理学家马斯洛提出的四种能力层级，孩子的选择，足以反映出孩子处在哪一个层级：

第一层：不自觉不足。这是指孩子因为没有经历过，所以无从觉察自己的无知。就像孩子知道自己很生气，却又不知道怎么解决。有的孩子选择哭泣发泄，有的则是把自己关在房间里，也有把情绪带回家，转移到父母身上，乱发一顿脾气。

解决之道最好是由父母从旁协助，引导孩子去思考，去想，该怎么做。

孩子找出答案，有了决定，放手让孩子去做。

第二层：自觉不足。许多父母来上课前，眼睛天天盯着孩子，嘴里唠叨孩子的一言一行，结果和孩子的关系是相敬如“冰”。因为父母的教导都是先知型，孩子还没有经历，对提前到来的关心，只会觉得唠叨。

父母学会放手让孩子尝试，而且对孩子尝试后的结果不仅不批评，反倒夸奖孩子的用心，慢慢地，那些桀骜不驯的孩子和父母相处融洽起来。

第三层：自觉有能力，事关孩子的成长。

第四层：不自觉有能力，表示孩子将行为内化成习惯，已经做到不知不觉，我将在后面的章节里另外说明。

4、由孩子自己决定道歉的时间及方式

错误已经发生，也带给别人困扰。父母可以建议孩子，需不需要去和发生争执或冲突的对方，说明自己需要改进的事项，并对做得不好的部分表示道歉。

父母无须给予孩子压力，逼着孩子一定要如何做，这包括孩子愿不愿意做，什么时候去做，父母都无须介入。孩子在发生错误的过程中，对于自己的觉察，下次如何改进，有些什么收获，才是值得父母关注的重心。

道歉的意义建立在对自己的行为有了真正的认识。

当孩子面对自己的过失，对带给他人的不愉快也有了悔意。请教孩子：

“你如果是那位受到不礼貌待遇的人，你会希望对方怎么做？”

由孩子自己找出答案，也接受孩子决定如何处理。

美国奇异公司总裁韦尔奇，全球备受尊重的CEO。高中放暑假期间他到高尔夫球场做按时计酬的工读生。有天，一位打球的来宾用很不礼貌的态度对待韦尔奇，这让他决定狠狠地处罚这位无理的客人。他将客人的高尔夫球拿走了几颗，这事情被他母亲知道了，母亲非常愤怒地要求韦尔奇要当面向对方道歉。

最后，韦尔奇在书中这么说，母亲接受了他的请求，韦尔奇则答应不能再犯毁坏名誉的错，而偷拿的高尔夫球则丢到山谷里去了。

我之所以举出韦尔奇，不仅因为他是奇异公司总裁，更因为他的案例是全球企业经营者学习的对象。

或许父母看到这里依旧有些疑问，但是韦尔奇母亲带给孩子的教育，充分尊重他的决定，影响了这位在全世界举足轻重的人物。是的！韦尔奇的母亲让孩子决定改正的方法。但留给了孩子一辈子都要小心保护名誉的记忆。

父母学堂——订立明确的标准

赶快！将不清楚的观念、做法及父母对每件事的标准建立起来。

标准是漆黑夜晚的灯塔，拿来指明方向用的。

提示：

建立标准的目的，是为了帮助孩子在行为上知道自己的尺度。

父母在执行上需要留意的地方——每次订立的标准不要太高，因为没有人会对做不到的事付出关心。也千万别用刚刚订立的标准，作为指责孩子的依据。下次想要提高标准，孩子会对你说："门都没有。"

标准的作用是帮助孩子清楚正确的行为。千万别把标准当做是一条衡量对与错的界限。孩子跨过线了，父母打心里要认定，孩子是因为对标准的不清楚，不知道怎么做，才发生了错误的行为。接下来父母该做的，是用轻松语调告诉孩子：

"每件事都可以找到好方法。"协助孩子重新探讨对标准的执行方法。而不是一味地指责孩子：

"都告诉过你了，你还是不听话，真是伤我的心。"

孩子听了这句话,才真是伤心。超过一万名以上的孩子在调查问卷上反映，最害怕听到父母说出自己不孝顺、伤他心、不懂得用功的话。

"你怎么老犯错，告诉你的话都白说了。"类似的表达内容不仅对孩子没有带来帮助，反而把前面的努力，建立起的标准都破坏无遗。

标准能够发挥功用，不在于孩子知不知道标准，而在于标准能不能得到孩子的认同，进而成为孩子的习惯。

沟通内容：

探讨孩子愤怒的原因，这方面的范围可以说相当广，例如过去的教育方式带给爸妈的影响，请教孩子，对父母有什么好的建议呢？

是否有时候命令、指挥孩子做这做那多了一些，那么，大家一起想想，在哪些事情上，订立出让大家都觉得不错的标准，然后一起努力去完成。

讲话的态度，是不是给孩子不讲道理的感觉？那父母该怎么作建议呢？

父母对答应的事拖拖拉拉——这件事好办，能不能请孩子帮个忙，把答应的事写下来，贴在冰箱上，这样就能提醒大家。你看好不好？（三千多位高中生调查问卷显示，对于这一点的反应特别大，值得父母注意。）

另外还有在待人接物的态度上，父母如何保持弹性。

父母曾有过的经历——如何从错误中找出对自己做人做事有益的标准，又是如何对后来的人生带来帮助。

从上述的内容中不难发现，我讨论的焦点都放在父母身上，这对于改善孩子的行为有什么帮助吗？这也是许多父母来上了几堂课后，提出的问题。因为这些父母来上课的目的都是为了改变孩子。

还记得前面提到过的，国强的母亲吗？那是位十分强势的妈妈。在开始，她也很强势地质疑来上课的效果，最后她的收获却是最大的，因为她的改变也是最大的。

所有寄望于孩子的改变，最有效的方法，就是父母的改变。每当孩子观察到父母对待他的方式有所不同，孩子总能够在最短的时间作出应变。

因此改变孩子最有效的对策，莫过于父母建立起正面、积极的标准。

第四把智慧的钥匙：给予充分的信赖与包容

在这一个章节请父母们优先建立一个对孩子十分重要的观念：勇于尝试，人生才有改进的机会。

小时候，父母也有过渴望被理解的经验，同样的，孩子在了解世界的过程，勇于创新，敢于尝试，也需要父母保护这种勇敢。失去对世界的好奇，孩子就失去了面对未来的竞争能力。

在生活上给予孩子充分的信赖与包容，更是重点。这固然会招致许多混乱，但那是丰富孩子心智，培养杰出人才必须的过程。

在成都对三千多位高三孩子进行问卷调查，在引起孩子愤怒的原因中，首推大人不信赖孩子的行为。

其次是父母的唠叨，但是在与孩子进一步沟通后发现，孩子定义中的唠叨，实际上包含了父母的命令、指挥，还有叫来叫去等行为的总合。

因此，给父母提出几个建议：

（1）接受——意味着没有判断

父母放下了自己的标准，先给足孩子表现机会，并在过程中不预设立场，不先判断谁是谁非。

接受也意味将责任移转给孩子。例如，孩子如果有自己独立的房间，这代表孩子有他自由安排及随意处理的权利。父母再怎么看不惯，最好不要任意进到房间。父母是有想帮助孩子整理干净的善意，但是孩子的感受却是父母又在干涉我。

这么一件发生在很多家庭的小事，却常是引发家庭争吵的主要原因。

改善之道，父母在观念里多一些接受即可。接受是种等待，等待着孩子最后会作出正确的决定。房间是孩子的权利范围，接受孩子整理的结果达不到父母的标准，接受孩子在墙上张贴他心仪的明星海报。在接受的同时，父母也传达了清楚的信息，孩子要负责房间的整洁。

接受是建立信赖的基础。有了信赖的关系，父母对孩子才有发言权。父母只需要告诉孩子，处理事情的标准，譬如，床铺要整理，书桌保持干净，欣赏音乐时不要打扰到别人。也清楚地让孩子明白，做不到，父母会如何处理。请放心，把选择放给孩子，孩子会知道该怎么做。这时候，父母所提出的任何解决方案、建议，才能获得孩子的理解与接受。

（2）跟随——代表着尊重孩子的选择

跟随的意义在于，父母跟随孩子的决定、选择或是等待，就能创造出父母与孩子之间最大的沟通空间。例如：

“很好啊！父母尊重你的决定，只要清楚这是你想要得到的结果。”

“不错，父母相信你会找到最好的方法。”并真切地告诉孩子：

“父母相信你一定会做得非常好！”

跟随最困难之处，在于包容孩子的决定。父母常受到孩子过去犯错的影响，就会在沟通中，提及孩子犯过的错，陷入对孩子说教、批评、指责的模式中，造成与孩子的对立。

跟随不等于放纵。跟随只是父母表现支持孩子的一种态度。在与孩子沟通中的包容，当孩子的选择违背了基本原则，父母还是要婉转地说明清楚：

“父母在做事的时候，会很在乎是不是占了别人不该占的便宜，你的做法有没有必要再想一想？”——父母说出原则，怎么做，则让孩子自己想。这是表达信赖孩子，很棒的一种方法。

父母学堂——给予充分的信赖与包容

父母给予孩子的信赖有多大，孩子的成就就有多高。

提示：

在现实生活中，有太多父母与孩子都不信任对方。每个人都在向对方表示："我是受害者"，因为在父母及孩子的语言里，充塞着对彼此的批评、抱怨。在父母怀疑自己这么努力付出到底得到什么结果，用来质问孩子的同时，孩子也深感自己的不幸，怎么生在这样的家庭，有这么不讲理的父母。

问题的症结出在父母太紧迫盯人，关注孩子在现在每一分钟的行为，却疏于表达对孩子未来的肯定——信赖。

信赖孩子，表示父母对孩子最后的结果充满肯定。那是爱。让孩子感受到父母的信赖，与孩子表现得好不好，并没有直接的关系，而是父母表达爱的方式。如果需要孩子拿出好的成绩，才能赢得父母的信赖，那不是爱，那是交换。交换，才是引发愤怒情绪的主要因素。因为交换看重的是公平，而父母的要求是无论如何也换不来的，孩子需要父母肯定他的渴望。

孩子不需要来自父母的公平,孩子要的只是信赖,信赖能让孩子忠于自己,真实加上信赖,孩子才能认清自己,真实才有热情。一个生活充满热情的孩子，请问父母，孩子会愤怒地批评、抱怨自己、父母吗?

孩子对父母的认知就如同一台计算机，父母输入任何信息，计算机会毫无例外的作出正确的反应。请父母听清楚——正确的反映。父母输入了"我怀疑你"，孩子对父母的反应也绝对不会错，"我怀疑你"。

孩子的行为只是父母输入信号的正确反映。今天，父母输入这些信号给孩子——信赖、认同、理解，不用等到明天，下一分钟孩子同样也会作出正确的反应——信赖父母，认同父母的辛苦，理解自己的责任。这就是我在这一章节表达的主题。信赖引来信赖，包容赢得接纳。

有一天，孩子对自己说"嗯！看来我表现得还挺不错。"请问父母，有了这种感觉的孩子还会有情绪的困扰，有自杀的倾向?

沟通内容：

父母清楚孩子真实的渴望吗？陪伴孩子是建立信赖关系最有效的方法。

请教孩子，希望在哪些事上，能得到父母明确的规定？从待人接物，到学校的交友，功课。在建立信赖的同时，需要父母与孩子对于规定、标准、原则有清楚的认知。

同样的，包容也需要建立在一个清楚的原则上，那就是，犯错不需要逃避。因为不逃避，孩子知道每次都会进步一点点，这才是父母包容孩子，希望得到的结果。

第五把智慧的钥匙：随时奖励

“孩子能够从爬到走”，我问过所有来上课的父母：“你们认为孩子是怎么做到的？”同样的，我可以请问读者吗？

答案出来了吗？说说我的答案，很简单，我认为是鼓励出来的。

首先，环境的示范。孩子看到的每一个人都是走着的，孩子的观念里，对我也会走没有疑问。这很重要，在环境的示范下孩子有了想要走的念头，学习的渴望就这么被鼓舞出来了。

其二，父母的鼓励。当父母看到孩子用小脚丫摇摇晃晃地走出人生的第一步，那种兴奋、雀跃、自豪的心情，瞬间转换成如雷般的掌声，一波波涌向孩子。虽说孩子的第二步就摔倒在地，可是父母依然用着兴奋，高亢的声音赞美着孩子。孩子听不懂，但孩子能够感受到周围的鼓舞。孩子再一次，站起来，跌倒，孩子看看周围满是笑容的脸孔，孩子想都没想，再一次，又一次，站起来跌倒，跌倒又站起来。

所有的孩子最后都站起来能走，为什么？因为在孩子身边，所有的人都相信，孩子一定会走。哪怕时间拉得比较长，也没听到哪个父母怀疑过。

我想说的重点是父母的观念：

“问问自己，为什么孩子摔倒了无数次，身为父母的你，却从不怀疑孩子的能力？在练习着走路期间，你看到孩子不断地跌倒，却一副毋庸置疑，十分笃定的神色，天天为孩子大声鼓励，为什么？”

“都已经一个月过去了，孩子还是走得歪七扭八，手时不时还要扶着墙，你，从没有改变过对孩子的支持、鼓励、赞美。为什么？”

孩子会长大的，然后，我请问父母：

“为什么依旧是学习，就像小时候学走路一样学习新的事，从学校的课业、做人的礼节、外国的语言、做事的方法……却再也听不到父母对孩子的支持、鼓励、赞美？”我帮着孩子请问父母：“为什么呢？”

“为什么孩子在一些小事上，做得不好，出了一点点纰漏，做父母的你，就大发雷霆，让孩子觉得自己什么都不是。”是因为孩子长大了？

这真是现代父母活生生的写照。请问父母，找到答案了吗？

渴望融入环境成为一分子的想法，是孩子的天性。这是环境带给孩子无可替代的影响力。孩子观察身边的人是站立的，就会将站立、走路视为学习的方向。

在这里我特别要呼吁所有的父母注意到这个观察结果，因为那是解释孩子学习行为的基础。

借用古老的经验，孟母三迁，可以说孟母是中国历史上第一位懂得运用环境来影响孩子的母亲。也可以看成是中国古代儿童心理学的先驱。

怎么说？在一次两次搬家之后，看到孩子聪明地将环境的特征，迅速地转化成自己的游戏，模仿起各行各业的行为。为了孩子，孟母智慧的作出了第三次搬家的决定。这一次，孟母不厌其烦地将家迁到了学校的附近，让周遭的琅琅读书声以及学子的求学问道精神引起孟子的兴趣，长时间的环境影响下，造就出一代圣人。

※ 观察是孩子学会融入环境的一种智慧，也是影响性格的主要因素。

环境会带给孩子激励的作用，那将暗示孩子，你也可以做得到，你也没问题。这提醒父母，家庭环境的影响力，以及父母行为的示范力量是“随时奖励”的基本元素。

这一种环境的力量，让孩子清楚了学习模仿的方向。

当然，这里所谓的方向是不存在对或错的，孩子的模仿只是反映了环境的形态。也就是说，家庭环境及父母行为的方向是正确的，孩子的发展就是良性的。同时也指出，寄望孩子有好的行为，请父母记得，家庭提供给孩子什么样的环境，父母示范了什么样的行为，孩子就受到什么样的激励，长成什么样。

接下来我们讨论的是孩子形成习惯的因素。假设，孩子身处的环境是正面的，放眼所及都是鼓励的加油声。孩子对自我的肯定，配合环境的支持奖励，孩子会不断地重复相同的动作，习惯就养成了！孩子所有的行为到成为习惯，何尝不是如此。

学习的方向，来自孩子身边环境的影响；而从孩子的行为，到成为孩子的性格习惯，则有赖父母的支持与鼓励，孩子才有了持续努力的动力。

※ 每个孩子的行为，都是环境的特征与父母的鼓励下产生的结果。

支持父母随时奖励孩子的真正力量，来自父母对孩子最终结果的信赖，就如同孩子学习走路。对结果的信赖，让父母对孩子随时表示支持、鼓励、赞美。父母这么做了，孩子的表现自然是越来越好。

奖励的力度决定于父母对孩子最终表现结果信赖的程度。

另外，让许多父母最不能理解的部分——找到孩子做错的事，还要大事夸奖。是的，因为我可是正经八百地请教过上万名孩子，你愿意犯错吗？答案是否定的。你喜欢犯错吗？答案是否定的。我再问，你是故意犯错的吗？所有的孩子一定用他们的最大声回答说："我不是故意犯错的。"

知道我说找到孩子做错事还要夸奖的原因了吧！因为错误的只是孩子在认知上的盲点，没有一个孩子是故意犯错的。父母对孩子的教育责任，就是找到孩子的盲点，然后教导正确的方法。不是吗？

父母用处罚，孩子只会记住被父母责备后的愤怒情绪。负面的情绪只会干扰孩子改变的意愿。

发现孩子的错误，父母用惊喜的心情来看待，只需要在看问题的焦点上作个转换——孩子是因为好奇，敢于尝试，才造成一些错误，而好奇、尝试是值得鼓励孩子的。

一台新买的CD机，在女儿的好奇摆弄下弄坏了。我是这么对待女儿的：

"哇！赵庭嫣，你很厉害嘛！居然把爸爸新买的音响立刻就摸得一清二楚，来，爸爸教你CD片是这样摆的，看清楚了吗？那请你试试看"。

当女儿学会了正确的方法，我才继续说：

"你看，当我们用不对的方法，看到没，机器就发不出声音了。爸爸最喜欢你好奇了，下次碰到新的东西，你想尝试看看，那我们一起试一试可以吗？"

新买的音响还没用就送修了，当时会不会气？在看到的一刹那间，当然有气，但是，就算发出来，作用在哪里呢？做父母的可以有另外一种选择，利用这个机会教女儿如何做正确的事？我选择了后者。

保护孩子的好奇心，鼓励孩子勇于尝试，在我看来比什么都重要。尤其在孩子闯祸的时候，父母的态度，正是父母能否保持"随时奖励孩子"的试金石。

另外，父母采取的方法，决定了孩子的记忆。父母指责——孩子的反应：我老是做错事。下次再有机会尝试，孩子心里会想：我就说我做不到。

负面语言，常让孩子认定自己比别人差，错误的心锚造成不自信，孩子就会缺乏改善的动力。许多时候，父母抱怨孩子，怎么说都不改，请父母不用怀疑，如此这般的结果是父母批评、指责带来的后果。

我相信多数父母愿意选择积极正面的做法，（还记得吗？父母的行为是随时奖励孩子最重要的元素）帮助孩子留下正面的记忆。这需要父母懂得“看见”孩子值得奖励、改进的地方：

“不错啊！很高兴看到你喜欢动脑筋去研究新的事物，有什么收获啊？”——孩子留下一个正面的记忆，我喜欢动脑筋，而不是弄坏了什么东西。

“看到你的成绩不好，让父母想起小时候的成绩也不理想，有一天我想通了，考试的目的就是找出自己不理解、不会做的，把这些弄懂了，一次次积累下来，成绩就慢慢上去了。父母相信你，也会一次次进步的。”——孩子学会面对问题，找方法，成绩是慢慢积累的。

“我真的觉得现代的学生好辛苦，每天朝九晚五的，饭也不能好好地在家吃，你能够坚持，做父母的就很放心了！”——孩子觉得吃的苦，被父母看到了，坚持也受到肯定，再艰难的挑战，估计都没问题。

“耶！我的女儿又找到成长的空间了！” 这是我在家里常常对女儿说的话，成长空间，就是指女儿又一次从错误里学会了正确的方法。

父母奖励孩子，孩子就能够面对错误，找到改进方法，也就有机会在面对新事物时——多了一种警觉，知道自己该怎么做。

父母选择的态度决定了孩子的学习成果。

在孩子学着走出人生第一步，摔跤犯错的时候，父母毫不留情地大声批评指责，让孩子记住——“我就是什么事都做不好”还是透过孩子做的每件事，父母丰富了孩子对自我的肯定——“我是真的很不错！”相信父母一定会作出最棒的选择。

父母学堂——随时奖励

做个随时会奖励的父母，更要做个懂得奖励的父母。

提示：

教育孩子的目的，希望孩子越来越好，将来有出息，工作上能受到重用。目的清楚了，接下来思考，有什么方法能更好更快地帮助孩子达到目标。

最终父母会发现，只有能被孩子接受的方式，才是有效的方式。

随时奖励，之所以能够让许多父母用起来得心应手，也让孩子乐于接受，整体效果十分显著，只因为奖励符合人性。

沟通内容：

没有建立父母与孩子之间的信赖，奖励反而让许多孩子产生反感。、

请先了解孩子在哪些事情上重视父母的奖励，才不会让孩子认为，奖励只是交换孩子表现的一种手段——每次奖励之后，父母都有一堆的要求。

有位妈妈上完课，信心满满地回家就对孩子说："老师说，对孩子要多鼓励，所以妈妈能不能和你约法三章：在我下班前，写完功课，盖一个章。许多要改进的行为，做到了，盖一个章。盖满五个章，可以换零用钱。"

两个礼拜，孩子十分努力，积满五个章，孩子跑来找母亲说："妈！你也集点，积满一百个点，我给你一千元。"母亲问孩子，"怎么集点？"孩子说："很简单，回家陪我吃晚饭，给你十个点。看我功课不生气我给你二十点。"

上面的案例，父母的奖励是一种利诱，而孩子的奖励却真实地传达了孩子最在意的事情。请教你，你会如何奖励孩子？

父母
心得记录：

———————————————————————

———————————————————————

———————————————————————

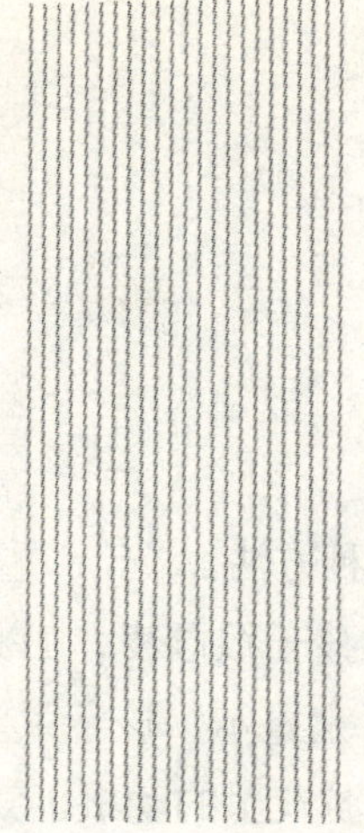

第五章

孩子顽皮怎么办？

顽皮是孩子探索世界的一种方法。

有时听到父母抱怨：我的孩子很顽皮，由此导致父母身心疲惫，发出不知如何是好的叹息！大量的研究显示，孩子主要透过游戏来累积与环境互动的经验。当父母不理解孩子在游戏里的动机，就将此说成顽皮。

从哈佛大学针对全美企业领导人所作的调查分析，可以看到，在这些人当中，小时候较为顽皮的，学习成绩中等的学生，占了半数以上的比例。

中国有句俗语“小时了了,大未必佳”也是同样的意思。其中的原因——顽皮的孩子从小就培养了独立思考、勇于尝试的人格特质。这告诉父母在处理孩子的顽皮行为时要小心——既不能过于压制孩子，又要教导他们遵守规定。进入社会，才能具备特立独行、敢为天下先的开创精神。

在这里，我的建议：帮助孩子设立原则。

孩子掌握了原则，既不会剥夺孩子的自主权，也不致造成对孩子行为的放纵。

父母学堂——顽皮孩子的背后

孩子用自己的方法去认识世界,顽皮的背后,呈现出不被父母理解的好奇，以及探索疑问的方法。

提示：

顽皮的背后包含了孩子的认知，孩子的好奇，孩子的尝试，以及孩子用自己的方法去找寻答案。如果父母无法认识顽皮背后的价值，也请父母给予顽皮多一点点包容。

每位到我这里来的父母都清楚，顽皮的孩子往往比较聪明，比较灵活。他们的父母只是不知道该用什么方法来管教孩子。

我有几个建议提供给父母参考：

（1）多参与孩子在日常生活中的活动

不要轻易错过孩子的疑问、惊讶与好奇。听到孩子发出了怪叫声，别惊慌，走过去关心一下。看到孩子疑惑的表情，不要等孩子提问就主动问一声，有什么我能做的？

为什么在我的书中大量地提及“日常生活”，因为每日的生活中有两个重要的元素，一个是规律，在这不变的按时起床、吃饭、上学的行为中，存在着推动世界周而复始运转的力量。

另一个元素则是变化，没有哪一天是完全相同的。每天的天色不同，那是时间的奥秘。每天同学之间的交流、想法不同，那之中充满许多与人交往的宝贵经验。变化丰富了孩子的想象，也充实了孩子成长的内容。

但是请父母注意，规律与变化，那是环境里取之不尽，用之不竭的材料，至于能不能成为培养孩子的养分，要看父母每天花多少时间，陪伴孩子，耐心地解说，直到规律成为孩子的固定行为——习惯；也看父母参与孩子生活的力度，决定了孩子从变化中汲取的收获——思考的能力。

（2）多给孩子接触实物的机会

举个例子，家中的各类调味料，甜的、咸的，用说是没有意义的，最好让孩子自己试一试。撒一点点在孩子的手里，让孩子亲自尝尝。体验是解除孩子顽皮的主要手段。

带女儿去海边时，我会特别请女儿仔细地听听周围的声音，女儿兴奋极了！她会大声地告诉我她的新奇感受，包括海浪的声音，沙子从手中滑落的声音，浪花拍打岸边的声音。那一天可能是我女儿从小到大最兴奋的一天，也是最不顽皮的一天。

（3）亲自操作一遍，比说一百遍还有效

我把零钱堆放在桌上，每十个一摞，女儿见了就说要帮忙，当她帮我把钱都整理好了，她对什么叫做十块钱的数字已经有了清楚的概念，顺便也认识了从一块钱到十块钱的硬币长什么样子。至于过程中把钱撒得满地，那是一定会发生，但是，重要吗？

教育孩子最难的就是了解概念，像数字就是概念。再有安全、正确……这些的观念，和数字一样，不是单单通过教，孩子就能学会的。

拿出实际的物品，让孩子亲自操作，加上父母的示范，孩子从演练中找到答案——如何找换零钱，怎么安全地过马路，使用剪刀的正确方法，多样化的操作经验，是训练脑力的不二法门。

（4）与孩子交流彼此的亲身感受

孩子需要许多次的经历，才能累积出体会、理解别人的能力。太多的父母向我抱怨，说孩子不理解父母的用心。

“是的”，我是这么回答这些父母的：“麻烦大家一下，请把‘用心’拿出来让大家看一下。”在场的父母都笑了！我说：

“既然父母说理解，那就表示孩子需要先懂得道理，才能整理出合理的解释，孩子有过多次的感受，对父母的行为才能有所体会，这样讲合理吧！”

我接着请问在场的爸爸妈妈：“在平日生活里，你们常和孩子交心吗？没有。除了功课就是考试，孩子在生活中没有机会去感受你们的心，又从何处生出对父母的理解。”

前面提到，概念性的内容，不是靠教的，有关价值观、品德、诚实、尊重，这些概念，更有赖于父母的行为示范，以及交流感受，才能成为孩子在生活中学习的智慧。

教养孩子最重要的工作只有一件事——陪伴。我对父母开出的教子良方只有一贴：每天10分钟。什么意思？请父母每天最少陪伴孩子10分钟，让孩子说说一天来发生的事，老师说了些什么话，同学之间发生了什么事，得意的心情或是对某件事的想法。总之，让孩子回到家，经历过这十分钟，总能卸下学校的压力与包袱。

父母能做什么呢？听孩子说的内容，在交流中总结出规律与变化，回馈给孩子，让规律巩固习惯、变化训练思考，这便成了孩子每天最有价值的收获。

孩子要在轻松的情况下才能与父母进行情感交流。孩子经常与父母交流生活中的感受，能够从概念的思考中，对于良好的品德、品行有了体会与理解，自然能够对父母的用心感同身受。

这种环境下长大的孩子，虽然也会有许多的调皮，但却很少有令父母头疼的顽皮，请相信我。

沟通内容：

在课堂中，我让父母玩个游戏：把现场的人分成一边扮演孩子，另一边扮演父母。扮演父母的人，要对蹲在地上扮演孩子的人，用家里指责孩子的方式和语言表现出来，结束后，由两边进行探讨，听听扮演孩子的那群人有哪些感受。然后交换扮演的角色，再进行一次分享。

通常每个父母在分享的第一时间都会说出类似的感受——

“我听了你这样骂我，我非常难过！”

“你指责我的话让我觉得自己一无是处，有点觉得活着没意思。”

“你刚刚的样子真的很吓人，我当时只想躲起来。”

每个扮演孩子的父母，都对遭受指责的那一幕留下了深刻的印象，原来孩子的感受是如此的不堪，与父母期望达到的目的简直是大相径庭。

最后，许多父母激动地哭着说：

“在游戏中听到自己对孩子说话的内容，对待孩子的方式，真真实实地让我认识到，是我平日里对待孩子的态度，造成了孩子今日的结果。希望在日后，我可以做到每天陪伴孩子说说话，接受孩子的行为，理解孩子的想法，认同孩子探索过程里的错误。谢谢大家给我的帮助！”

我建议每个父母在家里和自己的孩子玩一玩这个游戏，玩法改成孩子扮演父母，父母扮演蹲在地上的孩子。

听听孩子是如何模仿父母的言行的，从孩子表达的内容及态度，父母很容易就得到一个重要的答案——孩子对父母的教育内容，留下了哪些记忆，而这些记忆，对帮助孩子成长到底起了多少作用。

第一把智慧的钥匙：建设性提问

1、“请你说说这么做的理由，好吗？”

孩子做出了父母无法理解的行为时，最好给孩子一个解释的机会。听完解释，如果孩子的动机是可以理解的，只是行为的结果带给别人困扰，此时最好的办法就是设立基本原则。父母可以对孩子这么说：

“父母理解你做这件事的理由，下次你有什么想法，做之前，请你先找爸妈商量一下，好吗？”

2、发现孩子突发奇想的一些举动，但没有给任何人带来麻烦，建议父母们可以用下列提问方式来激励孩子：

“耶！好厉害嘛！你是怎么想的？”

“哇！真棒！可以请你说说，是什么原因，让你有了这些想法？”

充分肯定孩子的想法，不失为转变顽皮行为的有效方法。

3、孩子的调皮引起别人的困扰，父母可以请教孩子：

“喂！乖宝贝，你可能没注意到自己的举动已经让别人不舒服了。”或是“对不起，孩子，麻烦你注意一下，你好像给他人带来了麻烦。”

处理这类状况较为有效的方法，请孩子扮演受困扰的对方，父母模仿孩子的行为。当孩子成为被困扰的对象时，请问孩子此刻的感受：

“你觉得舒服吗？”

“你觉得被人干扰的感觉难过吗？”或是：

“你能够感受到别人心里面的反感吗？”

“能请你告诉我，此刻你是什么样的感受吗？”

当孩子表达了自己的看法，父母就无需再耳提面命，反复责备。反倒是快些对孩子说：

“不错啊！你说得非常好，相信以后做任何事情，你都懂得把握好分寸，也会把自己管理得更好。” 或是告诉孩子：

“刚刚听你说自己的感受，父母相信，当你有过这些不愉快的体验之后，你也会懂得尊重别人的权益。”

4、看到孩子破坏了家里的物品，请父母先别动怒，换个角度来思考孩子的行为，是发泄情绪，还是出自好奇。属于前者，可以把孩子叫来，面对他破坏的对象，请问孩子：

“糟糕了，乖孩子，你可能要想想，该如何收拾自己造成的后果？”

在沟通时有个重点要请父母注意：尽量避免提及到孩子破坏的物品及破坏行为本身。因为重复孩子错误的过程，很容易让孩子因羞愧而引发逃避的心理。父母需要做的，是协助孩子从自身的行为，去看到自己的不足以及需要改进的地方，而非加深孩子对自己的否定。

如果破坏的行为是来自孩子的好奇，那父母就更要小心地处理这件事。父母可以请教孩子：

“你对这个东西很好奇吗？你原本打算用什么方法去了解它呢？”

倾听孩子的解释，不论孩子的说明，你是否接受，都请父母先表示理解孩子的行为，并安慰孩子：

“你现在心里面会觉得难过吗？其实没必要，就像爱迪生一样，他总是很高兴找出一个不对的方法。”

“爸妈倒想告诉你，勇于去满足自己的好奇，其实是个很棒的事情，我们鼓励你。”

“但也希望这件事给你带来一次非常好的经验。以后你可以先表达自己的想法，请教周围的人，包括爸爸妈妈，一起来协助你。可以吗？”

“你觉得爸妈这个建议是不是一个比较好的做法呢？”

※ 满足孩子的好奇，等于帮助孩子培养了这一生最重要的习惯——永不停止地探索和学习的力量。

当孩子的好奇带来了一些破坏，由此引来的父母的责备、老师的批评，就抑制了孩子对好奇的探索，也破坏了孩子这一生中最宝贵的力量——学习力。

包容孩子在学习过程中所犯下的一切错误。全世界的孩子都没有错，毕竟，成长之路本来就建立在错误的改正之上。在此，我也提出一个对于父母职责的建设性的提问：父母最该做什么，才能带给孩子最大的帮助？

父母学堂——建设性提问

从孩子的角度来看，父母才知道想象创造的世界有多伟大。

提示：

顽皮通常是孩子记忆里最深刻的回响，也是孩子流露天性的放大镜。因此，父母对待孩子顽皮的方式，响应的态度，也“放大”形成孩子一生的准则——天马行空的梦想受到尊重，孩子的天分得以扩大，孩子攀爬理想的高峰，无惧于别人的嘲讽。同时，在欢乐的记忆里，留下了爱与探索的力量。

同样的，批评、指责让孩子的天分受到压抑，也往往造成，孩子用批评、指责他人，作为逃避自己责任的借口。

父母建设性的提问，帮助孩子将焦点放在自己可以做得更好的地方，既不带给孩子压力、扭曲孩子的天性，又可以鼓励孩子，为自己的想法采取行动。

那么当孩子的顽皮是由于情绪造成的，父母该如何与孩子沟通呢？

台湾富豪汽车，一位年薪超过两百万的高级主管，他的经历值得父母参考。学生时代他就桀骜不驯，一天到晚惹是生非，尽管别人都不看好他，其父亲却相信孩子有天赋。

有一天，孩子将父亲送他的一辆脚踏车拆解成分散的零件，父亲了解孩子，只是将学校积压的情绪发泄在自己有兴趣做的事情上。父亲没有责备，反而认为这是孩子今后的发展方向。

在升学至上的环境，父亲独排众议，支持孩子的兴趣，最终，孩子的发展正如这位父亲的预期，这也令那些当初不看好这个孩子的人跌破眼镜。

如果这位父亲当时采取的是另一种态度呢？愤怒孩子的破坏，批评孩子的做法，强逼孩子按父母的要求，会是什么结果，没有人猜得到，但我想绝不是让人惊喜的结局。

当同样的情况发生在自己的孩子身上，我给父母在建设性提问上的建议：

“哦！很厉害嘛！把这么复杂的事情都可以做得不错，有没有想过，或许这是你的天分？”或是从另一个角度，提出父母的看法：

“父母很惊讶你的做法，请问你，你在做这件事的时候，自己是什么感觉呢？”——父母没有批评孩子的行为，只是引导孩子说出想法，然后从想法中，试着找出孩子的可造之处。

“乖孩子，也请你想想如何对自己的行为负责，好吗？”——听孩子的决定，因为从决定中最容易看出孩子对于自己能力的把握。

另外，对出自好奇所造成的破坏，好的做法是先向孩子请教，清楚孩子的想法：“乖女儿，请告诉爸爸，你把娃娃分解开来，有什么想法吗？”

不论女儿做了什么让我生气的事，开头第一句“乖女儿”，是我从没有改变过的称呼，我相信这会帮助孩子，清楚自己在父亲心中的定位。

“知道如何组装回去吗？”——暗示孩子做事的思考方式。

“你知道下回有什么地方要注意的吗？”——不去说错误的部分，而是针对需要改进的地方。

在处理过程中，有时需要表示出接受孩子的观点，来化解孩子的紧张：

“爸妈可以理解你这么做的原因，那么能不能请你说说看，在这次的事情里，你自己的收获呢？”——类似的提问很重要，这能将孩子从担心受到责备转而思考，他在这件事里学会了什么。

要满足孩子好奇的想法，也要教会孩子去作出对的选择：

“下次，好奇的事又发生了，能不能请你告诉爸妈，该怎么做，才能有更好的结果呢？”

所谓顽皮，只是孩子按着自己的理解及想法所作出的选择。了解孩子作出选择的理由，远比处罚孩子要来得更有意义。

李开复的新书《世界因你不同》，是本值得推荐给父母看的书。书的第一章标题：“顽童”，有段内容饶有趣味，他是这么写的：

“唱反调，几乎成了我的最爱。母亲经常告诫我，不要把口香糖吞进肚里，而我偏偏要以身试法，以证明自己是金刚不坏之身。母亲要我小心别把口香糖黏在头发上，而我一样反其道而行，结果头发果然黏住了一大块。”

“这些罪行还算轻的。以现在来看都算闯了‘大祸’，但是母亲都是轻轻一笑，并没有严惩我这个‘犯罪分子’。”

下面这段话，是李开复又一个顽皮的记忆，以及母亲对待他的态度，也值得父母们细细体会：

“邻居在院里的池塘养了很多鱼，总夸口说有一百条，我不太相信，总琢磨着怎么揭穿他。有天邻居一家人都出门了，我决心‘大胆求证’，那个下午，几个孩子浑身上下混着水和汗水，忙活了好几个小时，终于把小池塘的水掏干了，发现根本没有一百条，我们几个孩子心满意足，哈哈大笑……”

“母亲竟然没有严厉地斥责我们，一边笑，一边和邻居道歉……”

另外书中还有太多的奇闻异事，比方说：为了自己可以晚睡，居然大胆到把全家的闹钟都调慢一个小时。

“第二天可想而知，上班的狼狈逃窜出门，上学的鸡飞狗跳、落荒而逃。全家人恨不得把我掐死。而母亲还是宽容待我，没有骂我……”

李开复在书的首页中的一段话，也许最能够说明他成功的原因：“在新的世纪里，人拥有更多的选择。孩子从小就需要独立性、责任心、选择能力和判断力。很庆幸的是，远在四十年前，我父母就把选择权交给我，让我成为自己的主人，当年我才五岁。”

沟通内容：

如果是你的孩子做出了相同的事，请教父母，你会怎么处理呢？而在每个顽皮背后，李开复母亲的处理方式又带给孩子什么样的收获呢？

父母心得记录：

____

____

____

第二把智慧的钥匙：把选择权还给孩子

许多顽皮的孩子来到我身边，在与他们聊天之后，常感受到孩子的无助与承受的压力。这群孩子有个共同的特点，自己有兴趣做的事得不到支持，父母的要求又让他们饱受挫折，孩子的压力找不到出口，结果，孩子将错就错，到处惹是生非，最后落得用顽皮两字评价。

选择是孩子察觉自我的宝贵经过，就如《世界因你不同》书中所叙述的一样，李开复身处众人羡慕的位置，却多次以内心追求的价值，毅然决然作出忠于自己的决定。在书里他写到："之所以拥有这种勇气，与母亲从小对我的支持及教育——做自己，有绝对的关系。"

这份来自母亲的力量，让李开复得以屡创佳绩，最终展现出精彩的一生。而他的家庭教育，也留给所有的父母一个值得深思的课题——正确的教导，能让精彩的种子，在顽皮孩子的心中发芽、茁壮吗?

对于许多因为无法忍受孩子的顽皮，而来我这找寻答案的父母，在学习完"把选择权还给孩子"的课程后，也都有不错的收获。让我们一起看看怎么做吧!

1、尊重孩子表述生气、不满、愤怒的选择权

负面情绪就像是垃圾，如果没有及时处理掉，就会蔓延到生活中的每件事。有时候,孩子遭受到一些挫折会发泄情绪,父母如果感觉到孩子受到压抑，情绪没完全释放出来，父母可以加以引导。

以下是在引导孩子时的一些技巧：

"你可以大声地骂出来，没有关系，父母能理解。"

"想哭，就大声哭出来，不要顾虑。"

"父母知道你很生气，把它说出来嘛，这样你会好过些！"

孩子在发泄过程中的言语、发泄的内容，父母无需加以干涉。协助孩子发展出健康的心理，才是值得父母关注的重点。

2、扣零用钱的方式、金额，请孩子作选择

损坏了东西，孩子要对自己的行为负起责任，唯一的办法，把每个星期父母给孩子的零用钱扣掉一些，但怎么扣，记得请教孩子：

"乖孩子，这件事你打算怎么做呢？"——父母没有情绪，没有指责，而是就事论事，让孩子觉得承担责任是件天经地义的事。

"你打算怎样分期付款呢？"——把决定权交给孩子，同时把履行承诺的责任，也交到孩子手中。

要孩子承担金钱赔偿，意义不在金额多少，为的是要让孩子知道，应当对自己的行为负责任。父母提出解决方案，至于用多长时间、每次金额的多少，选择权则交由孩子决定。

解决孩子问题的技巧，父母可能已经注意到，都是以正确的提问，作为解决孩子行为的开始，却以尊重孩子的选择、引导孩子认知自己需要承担的责任，作为结局。

3、如何道歉、如何解释的方法以及时间的选择由孩子决定

是孩子的错，造成别人的不满，父母只需订立原则：

“我们做错，就有责任道歉。我们给别人带来不便，就需要去向对方解释，但是怎么做，父母尊重你的决定，好吗？”——原则不同于代表着硬邦邦的要求的规定，它表明了方向及结果，却可以让孩子自由决定完成的时间与方法。

或许孩子会有反弹的情绪，但请父母明确，一旦设立原则，就绝不更改。建议从与孩子沟通的方法上下些功夫。父母可以请教孩子：

“如果你是对方，有人给你带来不便，你会希望别人怎么做？”——让孩子用同理心去思考问题。

“你给人带来不满，换成你，会不会很生气？”——帮助孩子累积理解别人的经验。

“我知道你是一个有责任感的孩子，那么请你自己决定什么时间、用什么方法，去向对方解释这件事，孩子，你看可以吗？”——“我知道”，代表父母对孩子的肯定。“有责任感”，表达了父母对孩子的肯定，以及对于孩子行为的期望。

※ 把选择权还给孩子，让孩子自己去思考解决问题的方法，只有这样，孩子才能够不断地成熟和成长起来。

父母学堂——把选择权还给孩子

父母每次的请教，都是将选择权还给孩子的最佳做法。

提示：

每位学习过“把选择权还给孩子”的父母不约而同地说，自己的孩子不再顽皮了。其中有什么技巧吗？

“顽皮与聪明，父母有没有想过，两者之间的差别？”我问过许多父母这个提问，大家也都同意以下的说法：

“孩子做出的未经父母允许的事情，不明所以的行动，看不出有什么意义的事，通常都归纳为顽皮。”

“那聪明的定义就是孩子做什么事先和父母商量，有什么想法先和父母沟通就算吗？”有父母这么问我。“不是的。”我的回答：

“顽皮与聪明，只是父母看待的焦点不同，所以评价不同。”

“孩子想把小皮球从四层楼高的地方丢下去，看看反弹会有多高。如果你是父母，怎么看这件事？”我丢出一个问题，多数父母第一反应：

“哎！拿这个丢下去，孩子有病啊！”或说会告诫孩子：

“别这么顽皮，万一砸到人，你自己负责，可别说我没提醒你。”

“你这个孩子，到底想干什么？是不是非要把我给气死，你才满意啊？”

这些父母说的话，不仅帮助不了孩子，还将孩子的好奇心，以及聪明的想法，给批评得一无是处。

而在“把选择权还给孩子”课程里我请每位父母学会用“认同、理解、表达”来处理相同的事件，让我们看看这些父母怎么做。

第一个动作，“喂！你真的很天才！我想那些伟大的科学家，小时候应该也是像你一样，不断地想方设法证明自己的想法，最后成功了！孩子，我相信你将来也一定会是最棒的天才。”——认同。

第二个动作，“这是个不错的想法，那我能请教你吗？通过做这件事，你希望找到什么答案呢？”——理解。

第三个动作是表达。这部分要分成两个步骤，一是给孩子表达的机会。二是父母要表达出对孩子的建议。

请教孩子是什么动机让他想这么做？有没有更好的办法？另外发出让孩子思考的提问：

“从想到做，中间过程有没有需要注意的？譬如要怎么做才能成功？在安全方面需要注意什么？从四楼往下丢球，要怎么保证不会砸到别人，同时，你怎么计算球反弹的高度呢？”——没有答案，交孩子处理。

我把父母的两种截然不同的态度，所带来的不同结果，交由父母去评价，答案十分明显——父母在心态上，对孩子先有了“聪明”的预设，采用“认同、理解、表达”，时间一长，那些被父母认定聪明的孩子，果真如预期的一样，表现得越来越好，也越来越被视为聪明。

那些遭受父母否定的孩子，越不被认同，就越是对抗，自然在父母眼中成了顽皮、不听话的孩子。这是很可惜的。

沟通内容：

不妨把孩子小时候的陈年旧事都拿出来聊聊，因为由此可以窥知，在孩子的记忆里，是否留下父母某些事处理不当的记忆。

认同孩子的胡思乱想，无论孩子的话听起来多么荒诞不经，都让孩子听到父母说出：很好，很不错，很有趣。

理解孩子的好奇与验证会闯下许多祸，但是，换个角度，聪明的孩子不都是如此吗？

表达，多给孩子表达的机会，多听听孩子的想法。同时也表达出父母的建议，而非命令。最后，告诉孩子：

“想起你小时候的这些往事，其实一点都不是顽皮，你是真的很聪明，现在聊起来，来，听你说说，现在你希望爸妈怎么做呢？”

第三把智慧的钥匙：订立明确的标准

顽皮，指的是孩子的行为。千万别把顽皮的行为和孩子的品德，混淆在一起。父母需要包容孩子的顽皮行为，理解孩子顽皮的动机，但在品德上，协助孩子建立起正确的观念，也是当务之急。

这么说吧，包容孩子的顽皮，就像是放养野马，任它在无边无际的旷野中驰骋；而品德，就像一副精心打造的座鞍及缰绳，在让孩子的天性充分发挥的前提下，又能够驾驭起自己的人生，行得正、坐得稳。

1987 年我在美国的德州打工，开车经过十字路口时学到了一个重要的观念——尊重自己。

美国在许多车流不多的马路，十字路口是没有红绿灯的，只有一条粗粗的红线。不论交汇的路上是否有车，按规定，车必须先停下来，接着才能再开。第一次经历时，感觉这个国家真了不起，居然没有红绿灯，太不可思议了。

话说我的车来到那条粗粗的红线前，旁边没有警察，路口没有红绿灯，四方交汇的路上也只有我一辆车，我犹豫了，东看看西看看，我可以觉察到心里的冲动，没人管，要不要往前冲？

这对从小到大，一向遵守规定的我，真是个考验。这也让我深刻地感受到，一旦没有了维持人和人之间权益的规定，人的自觉与选择才是人的价值——遵循自己的价值，尊重别人的权益。

我同时理解到，人的尊严其实来自内在的自觉。丢开规定而能作出正确的选择，完全有赖于自己对尊严的取舍，和平日里养成的根深蒂固的自重。

反观如今的父母，在孩子身上用尽心思；学校采取了十八般管理手段——每个学生到了校门口都要刷“在校通”的卡。考完试，父母在手机上就能收到成绩通知。而这些，却对改善孩子的行为功效不彰。

是不是父母在孩子成长的路上也竖起了太多的红绿灯？事事的控制，生活中每个细节的叮咛、嘱咐，让孩子从小就忘了，生命的主角是自己？

我想提醒父母，缺少了平日里自己做主，自己选择的练习，如何培养孩子自重的价值观？在呼来斥去，随时批评、指责，这种环境下成长的孩子，怎能寄望他们在人生的十字路口作出明智的决定？

顽皮是孩子寻求自我主张所选择的一种行为，也可以看作是对父母凡事控制的反抗。因此我请求父母试着用“认同、理解、表达”作为化解孩子对抗的一种方式。为什么我要这么请求，因为标准的目的是帮助孩子清楚该怎么做出对的事。可惜多数的父母错将标准作为对孩子的控制，标准也就成了孩子愤怒、反抗的因素。

孩子从内心里尊重自己——这是我的人生，我的价值，所以我这么做。只有这样，标准才能起到指引孩子人生方向的效果。让每个孩子在人生的十字路口，没有挣扎，没有犹豫，坦然地作出自重的选择，这才是父母教育孩子，追求的目标吧！

看来父母需要重新学习运用标准的方法，包括不再以标准衡量孩子的对错，不再以标准作为指责孩子的依据。而是协助孩子，清楚达到标准的方法，同时，放弃掉批评、打骂的教育，让标准成为孩子心中对自我的评价，孩子有了尊严，自重，才能保证孩子在其一生中，在很多事情上都作出正确的选择。

协助孩子对标准建立新的认识：

（1）诚实：犯错不用怕，真实面对自己的行为，并勇于承担责任。

（2）负责：对结果有了清楚的认识，才有负责的开始。牵涉到赔钱，规范清楚了就要明确执行。

（3）好奇：凡事勇于尝试，但事前作好准备，多请教别人。也要注意他人的权益。

（4）考试成绩：考试是针对阶段的学习找出重点，成绩能够检验出不清楚不了解的内容，而不是父母作为批判孩子不努力的依据。

（5）勇敢：在安全获得保障的前提下，不畏艰难，坚持挑战自己的弱点。

从上面的内容，父母可以看出，没有一项规定是为了管制孩子，而是从规定中清楚地告知孩子，做每一件事，如何达到标准的方法。另外，有些生活上的规范，也与孩子沟通清楚。最后，告诉孩子，父母订立标准的目的不是管制，恰恰为的是保护孩子的安全，还有就是让父母安心。

例如：出门前告知父母，预计什么时间回家，万一有事，可以和谁联络。请教孩子，孩子做这些和不做，父母的想法会有什么不同？

把执行标准都订立清楚了，父母别忘了再次请教孩子：

“还有不清楚的吗，还是你有什么看法呢？”

多数父母忽略事先定出标准，反而在孩子玩得兴高采烈的时候，才大声斥责。或是没有说好时间，等孩子回到家，用制止式的语言——你不应该这么晚回来。造成孩子有种动辄得咎的感觉，孩子叛逆的心理自然油然而生，标准不仅丧失意义，反而成为与父母冲突的导火线。

※ 品德教育能够成功的关键，在于让孩子从内心里尊重自己。

※ 建立标准的价值，让孩子时时感受到“我做到了”，标准才能在培养孩子品德的过程中发挥作用。

父母学堂——订立明确的标准

父母对待孩子的态度、行为也需要建立标准，这包括对待孩子的礼节、原则，以及对孩子的天分及创新行为的肯定。

提示：

“我的爸妈都是大学教授，好多同学都羡慕我，哇！太棒了！你父母肯定在功课上给你很多帮助。事实上，我恨不得没有这样的父母。”

我到成都讲完课遇到的一位高中女生，见面第一句话就震撼了我。旁边的老师，卷起这位女学生的袖子，用很低的声音告诉我：“这孩子割腕自杀几次了，请赵老师开导开导她。”

我赶紧对围绕身边的同学说：“听完今天晚上的演讲，内心里还有一些想法，这就是最棒的开始，请你们开始去找出自己认为最棒的答案。因为，你就是人生主角。现在，我请求你们留一点时间给我，可以吗？”

旁边的那位女学生突然哭了起来，她的老师和我都有些惊讶。她说：

“对不起，老师，我听到你说，请求你们。我想到我爸爸，就难过起来了。”我问这位女学生：

“你听到我这么说，为什么难过呢？”

她回答说：“我爸爸从来没这么尊重过我。学校请老师来为大家演讲，你那么受到同学们欢迎，还是很尊重我们。我爸爸呢？大学招生填志愿，他只管告诉我，你就填这个系，我跟同学说好了，你就上他的系里念书。我怎么跟我爸爸说，那不是我的兴趣，他就是不听。”

老师在旁边告诉我：“这位学生的英文念得非常好，自己进修编剧和导演，也通过考试了，家长就是不答应。结果，赵老师你看，搞成这个局面。可惜了！”我点了点头，同时说谢谢他告诉我这些。

转过头，我对女学生说：“首先谢谢你对我的信任，愿意告诉我，你内心的真实感受。同样地，我相信你的父亲也是基于对你能力的信任，才会拉下老脸去求他的同学，让你到他同学的系去念书。喂！女孩，求人可不是那么简单的。你说是不是？”女学生略有所悟地向我点点头。我接着说：

“或许，你父亲认为，这对你是最好的选择，虽然那不是你喜欢的。怎么办呢？我的建议，用行动说话。每个科系的内容，都是我们生活里的智慧，你的父亲让你念法律，你对抗，只会带来更多的冲突，并且那也不是你要的结果。不如选择为自己的兴趣加分。什么意思？全力以赴，好好念一段时间，说不定这一段学习的收获，为你的编剧，带来和别人最大的不同，因为你有法律方面的专业。”看得出，孩子逐渐接受我的建议，情绪也安定下来了。

“再说，你的父亲，为了女儿去屈曲自己，求助老同学帮忙，回过头，女儿反而用伤害自己来表示反对，你觉得伤不伤父亲的心？他可能也觉得，怎么自己的女儿这么不了解做父亲的苦心，是不是？”

后续我追踪这位孩子的发展大约两个多月，她的老师告诉我，在她发现念法律可以拥有与别人不同的竞争优势，也理解父亲只是用自己的方法爱她，现在在学习及情绪上都表现得不错。

祝福这个孩子。她所承受的苦难最终有了一个不错的结局。但是，是必要的吗？如果做父母的懂得尊重孩子，如果父母在行为上、态度上也有一套标准，再多一点倾听与认同，孩子的苦难，完全可以避免的。

爱，不存于父母的行为里，在孩子感受到爱时，爱才让人温暖。太多父母只想到全心全意地付出爱，单向地爱，容易让人产生压力。请求父母，请在爱之中加上一点让孩子欢喜接受的魔法——尊重。

许多父母问我，要怎么尊重孩子？很简单，怎么与工作上的同事相处，就怎么对待孩子。别疑问，试试看，会有意想不到的效果。

每个人一生中最重要的孩童时期，没有比父母对待孩子的态度、言语、行为，更能够影响孩子对自我的认知。在塑造人格的成长过程中，父母的尊重，教会孩子尊重父母，更棒的结果，孩子会尊重自己。日后自然而然也尊重社会、国家的法律。

政府每年编列大笔的治安预算，与其防范犯罪，我倒认为应该花更多的经费在教导父母，如何培养出优秀的下一代——尊重自己，尊重他人，遵纪守法的孩子。这也是治国安邦的根本。

在对待孩子的态度上，行为上，提出一些建议，作为父母的参考：

态度，指的是父母在言谈之间带给孩子的感受。

行为，则是父母在处理孩子每件事上拿捏的分寸。

谈到态度，我建议父母优先练习“跟随”，跟随是父母认同孩子的一种技巧。我用一点类似歌谣的方式来说明：

常常说“好啊！”，接纳孩子顽皮心。

接着才是说“看法”，指导做法有耐心。

不时说说“你真行”，表扬孩子肯用心。

还要请教“如何做”，会让孩子更开心。

常让孩子拿主意，尊重孩子作决定，做错不怕，支持你。

嘴上夸奖，掌声起，亲密家庭好关系。

接下来针对父母对待孩子的行为，也有几个建议：

三不：不批评、不指责、不比较。

三请：请问、请说、请教你。

四尊：遵守承诺、遵守时间、尊重隐私、尊重孩子的权利。

※ 父母在态度及行为上需要建立起标准，为的是让孩子找到被尊重的感觉。

※ 尊重是一种唤醒，尊重能够提升孩子对自我的评价，让孩子集中焦点在自身的长处。

沟通内容：

与孩子说说，父母的行为是如何养成的，父母成长的环境，造成了哪些影响。这些父母成长的经验，对于孩子是十分有趣又有意义的。孩子可以清楚地比对出，从小建立标准带给自己一生的意义。

另外在上课内容里，我提出建立家庭的“赞美模式”，这对父母赞美孩子的方法，可以带来一些参考价值：

天分的赞美，孩子常表现出的特点——让孩子清楚父母的爱与关怀。

行为的赞美，孩子做人做事的优点——帮助孩子巩固良好的习惯。

品德的赞美，孩子建立好的原则——塑造孩子的人格魅力。

尝试的赞美，好奇与学习的动力——培养未来的竞争能力。

表达的赞美，思考问题的深度——训练沟通、说明的能力。

整洁的赞美，注重生活的细节——待人接物的贴心。

美感的赞美，欣赏与鉴赏的眼光——平衡与特征的观察能力。

动脑的赞美，信赖自己找出方法——正面思考问题的能力。

第四把智慧的钥匙：给予充分的信赖与包容

许多孩子，之所以不断地出现顽皮的举止，有一部分原因：当孩子做了正确的事，却得不到父母的关注与赞赏。

孩子渴望父母的关注，可是，做乖孩子却得不到响应。反而做错一件事，有了一些不当的举措，或是成绩快速地滑落，却立即引来父母的注意。长久下来，这些孩子掌握了一个引起父母注意的手法：制造麻烦，立刻得到父母们的关注。

这提醒了父母，每当孩子做了正确的事，值得赞赏的事：自动自发完成功课，或是顺利完成父母交待的工作。请父母在第一时间给予孩子足够的赞赏与表扬。

另外，学习信赖孩子，在做事的过程中，请父母别老把孩子该做的事，如何做，整天挂在嘴上。但是在孩子遭遇盲点时，却又需要父母及时关注：

“乖宝贝，有什么难处吗？”——请教能够唤醒孩子关注焦点。

“最棒的孩子，有什么父母能为你做的吗？”——表示支持。

孩子得到父母的信赖，再加上平日里相处的默契，孩子在尝试一些新鲜事的时候，多数会养成向父母沟通的好习惯。良好的沟通是消除顽皮行为最有效的方法。

※ 对于顽皮成习的孩子，父母的信赖与包容才是彻底解决孩子错误行为的根本。

面对顽皮的孩子，父母最大的挑战就是孩子的功课。让我这么说吧！好奇，产生兴趣，然后学习，是每个孩子成长的模式与天性。当孩子的好奇遭受到挫折，或是缺乏兴趣，学习的动力自然会降低。

协助顽皮孩子在学习上的进步，不是从学校的学业开始，而是从孩子有兴趣做、喜欢做的事情赞美孩子、鼓励孩子开始。为什么需要这么做？做有兴趣的事，孩子容易找回学习的乐趣。有学习的乐趣才足以抗衡面对新知识、新方法学习过程的压力。

这个阶段特别需要父母的信赖与包容。顽皮的孩子一般都比较好奇，并且好奇的对象及范围没有固定的模式。仔细观察，父母会发现，只要稍稍遇到一点点难题，或是方法不对，孩子一是显得暴躁，第二种现象就是立刻玩别的。

孩子的行为缺乏抗压的能力，父母该怎么办？想想孩子是怎么学走路的，那压力多大，并且时间还特别长，当时父母采用的方法，到今天一样有效。

顽皮的孩子身上缺少两个力量，一个是指导的力量，在孩子遭遇困难的时候，没有人协助找出方法，所以缺少了持续做一件事的动力，也就是专注力。二是鼓励的力量，孩子在做对的时候，没人给予足够的赞美鼓励，或是在做出成绩的时候，没有让孩子感受到自己的成就。孩子不清楚自己做得对不对，自然培养不出耐心，享受不到做事的成就感，孩子做什么事半途而废的习惯也就形成了。

如果孩子上学了，功课方面，请父母主动地关怀协助，奖励孩子的表现，同时鼓励孩子多交朋友，多帮助同学，孩子在学校获得各种成就，表扬、同学的爱戴，孩子学习的兴趣就会提高。

孩子的天性不喜欢压力，压力来了，引起父母关注的顽皮行为就发生了！父母看到这方面的迹象，第一个念头：孩子是不是在哪方面遇到障碍了。

障碍的原因有许多，孩子的视力，老师的讲解听得不明白，学习的进度跟不上，与同学相处得不愉快，或是孩子正好迷上了什么新鲜的事物，这些都有可能。

父母对孩子的信赖与包容越大，越能够掌握真实的原因。有位孩子顽皮、打架……反正学校有些什么坏事，大概这个孩子都有份。原来孩子跟不上数学的进度，也不知该怎么解决，等到我建议孩子的父母采取降一级重读的方法，问题迎刃而解了。

发生的原因父母无法控制，对待孩子的态度，却是影响孩子改变最重要的因素，也是父母可以选择的。

另外，父母的不谅解，也是造成压力的主要因素。许多父母抱怨孩子不孝，念书成绩不好。抱怨，是引发孩子对抗、情绪反弹的重要原因。

父母学堂——给予充分的信赖与包容

花时间与孩子相处，听听孩子说自己身边发生的事，是父母对孩子表示信赖与包容最容易的方式。

提示：

孩子能在父母面前畅所欲言，不言而喻，孩子已经知道，他得到父母的信赖与包容了！孩子知道自己在父母心中的角色十分的重要。

很多父母在上课之前都会说，我信赖我的孩子啊！我已经很包容孩子的行为了！是孩子不听话，是孩子不了解父母的用心。

接受孩子的行为是建立信赖的开始，肯定孩子的现在与未来才能带出信赖的价值。

不要求，是从包容孩子的现况开始，在孩子一路成长的过程，不批评、不比较。给孩子做自己的表现机会，才是包容追求的目的。

※ 包容让孩子轻松做自己，信赖孩子则会让孩子喜欢自己。

在此需要提醒父母注意到一点，命令、指挥的语言最容易破坏父母与孩子的信赖关系。我举一个上课的例子供父母参考：

孩子在学校折腾了一天刚进家门，父母就说：

“赶快把书包放下，去洗个手，就来吃饭。”听起来很熟悉吧！这里面就包含了三个命令——放下、去、来。父母一听，不得了！那我岂不是不用说话了。其实这只是父母说话的习惯而已，让我们换个方式看看：

父母对孩子一整天怎么过的，再清楚不过了——孩子念了一天书，肯定累了。吃饭时间到了，父母只需问孩子“累不累啊？”“肚子饿了没？”“要不要我们先吃饭？”的一些提问，由孩子决定需不需要，至于他该做什么，他想怎么做，都任由孩子，就可以避免掉命令、指挥带给父母与孩子的紧张。

我想许多父母看到这里该会笑起来，因为有些父母告诉过我：

“每次孩子放学回家，差不多我也是这么说，也没觉得不好，可是等到哪天孩子回答我，我不饿，我不想吃饭。赵老师，你可以想象吧！父母辛辛苦苦为孩子准备的晚餐，孩子就一句话，我不吃了。你说我火不火？连个谢谢都没有。这样，我跟孩子就吵起来了。”

“等来上了课，我学会了这套方法，赵老师，你知道吗？好奇怪，当我使用这套巧妙的问法，首先，我自己好像比较没有情绪了，孩子回答我什么，我也没觉得不好。总之，我问，孩子作出选择，本来就不值得生气。结果，我用这套办法处理所有和孩子有关的事，有一天，我那个念高中的大儿子跑过来跟我说——妈！你怎么现在变得越来越好？”

是的，让孩子在父母跟前作出越多的决定，越多自己的选择，孩子就会越爱你。试一试吧！

沟通内容：

请教孩子，家里还有哪些事需要改变的。有位父母上完课回家就这么做了，结果孩子说，家里的菜太难吃。要过去，父母肯定气个半死，接着就是把孩子骂得昏天暗地。不，这一次不一样，父母把两天的菜钱交给孩子，告诉孩子，你来作决定，看是到外面吃饭，去买自己喜欢吃的菜，还是买零食，都可以，原则只有一个，孩子要保证全家人在两天时间内都能吃饱。

结局当然很悲惨，孩子第一天就决定上馆子吃饭，第二天，早餐没戏，因为星期天的早上，孩子一如既往地睡到饱，而前一天又忘了买。等到起床了，赶到菜市场，能买到的菜有限，所以午餐是草草收场。到了晚上，孩子发现家里的菜剩下的不多，要买，得跑个大老远，上馆子，钱不够。最后，全家人只好吃着泡面，结束了孩子的试验。

孩子的收获有多大？别问我，这种事只有父母与孩子亲自做一遍，好玩，又能让孩子一次就学到许多宝贵的经验。值得一试。

父母
心得记录：

第五把智慧的钥匙：随时奖励

孩子的许多优良行为，得靠奖励来推动，同样地，孩子顽皮行为的背后，其实也隐藏了孩子渴望得到关怀的动机。

中国父母的奖励一直不够，总是等做完一件事的结果——拿回优异的成绩单、考上了某某名校、拥有一份体面的工作、获得了什么什么表彰，父母才喜笑颜开地夸奖孩子。殊不知，当孩子开始做，就值得奖励。

※ 开始代表孩子的行为已经找到了方向，孩子在重新选择的路上走得快不快，意愿强不强，得看父母支持的力度够不够大。

在孩子开始做正确的事，父母先不要问有没有成绩、是不是有满意的结果，奖励孩子就对了。

女儿在学校和同学发生争执，听女儿说，是对方男生先动手。我问女儿原因，原来是男生拿了她的橡皮擦，她追对方，在追到的时候，男生推了她一把，两位小朋友就打了起来。我问她，同学是开玩笑还是故意找麻烦，女儿回答说都有。

我想一开始两个人可能在闹着玩，一不小心引起了小小的争执。为此我试着让女儿明白：

“维护自己的权利是对的，爸爸听你这么说，以后就不用担心我的乖女儿被别人欺负。”——肯定孩子在这件事的原则，维护权利。

接着我告诉女儿：“但是方法可以有许多选择。何况你们两个人追来追去，男生快要被抓到了，肯定会反抗，这时候你打了他，你觉得那位男生会不会也很生气？”——培养孩子的同理心。

女儿点点头，表示听懂爸爸的意思。我接着请教女儿：“后来你们两个人有说话吗？”

“没有。”女儿回答。

“那你觉得我们有没有什么好方法，解决这件事呢？每天都和同学不讲话也不好，对不对。你想想看，爸爸知道我的女儿最有办法，也最聪明，一定可以找到好方法。”——夸奖孩子，肯定孩子做事的能力。

女儿听我这么说倒是信心满满的，真的再好好想，我在旁边看她眼珠子转来转去，这一幕简直让人记忆太深刻了。

“爸爸，你有没有好方法？”哇！太厉害了！女儿反过来问我。

我这么告诉她："爸爸知道你一定也找到好方法了，那爸爸先说，爸爸找到的好方法就是，你先找对方说话。你说好不好？"——肯定再肯定，同时对提出的方法，没有强制性，而是请教孩子。

"为什么呢？"女儿问我。

"因为爸爸认为自己的女儿是最棒的，爸爸希望将来你长大了是一位处处受人尊敬的人，那么，从小这位最棒的女儿就会懂得去包容别人，也懂得在一些小事上，愿意先承认自己有做得不好的地方。你说这样好不好？"——我做父亲的，没有要求，却把对女儿的期望，以及达成期望的方法说清楚，然后请女儿选择。

"那爸爸你说我应该怎么做呢？"看得出，女儿对成为那位受人尊敬的人充满了渴望。

"我的建议，你先跟对方道歉，道歉不代表是你做错了什么，其实代表我的女儿懂得在每件事都可以找到好的处理方法，并且，先道歉的人代表这个人很厉害，因为他先找出做得更好的方法，将来才能成为受别人欢迎的人。"——教导女儿方法，并且把这么做的原因说明清楚。同时，让女儿了解自己这么做得到的收获。

女儿很用力地点了点头，似乎自己就是那位受人欢迎的人。我该怎么做？我抱起女儿，大声地说：

"妈妈！快来哦！我们的女儿做了一件了不起的事，女儿决定做一位受人欢迎的人。哦耶！"——强化结果，肯定孩子的行为。当然，更重要的做法，为孩子的选择欢呼！

当孩子努力把约定的事完成了，记得，一定要询问孩子：

"当你去道歉或解释时，对方的态度好吗？"

"对方有没有对你的行为很高兴？"

"那有没有夸奖你两句？"

孩子如果表示出对方的态度令人很不舒服，父母千万别跟着批评，只要记得奖励自己的孩子，并告诉孩子：

"每个人都有自己的选择，每个人也有自己的标准，我希望你把重点放在让自己满意，因为我们唯一能改变的人，只有自己。"

父母学堂——随时奖励

父母希望孩子有一百分的进步，就要奖励孩子从做好第一个一分开始。

提示：

孩子的成长过程，没有比“经历”更重要的事。经是经过，代表孩子的成长需要亲身去经历所有没做过的事。

孩子需要随时奖励，是因为在孩子的生活里，新的事物，新的知识，就像是旋转木马般在孩子的身边围绕，不曾停歇地刺激着孩子。奖励会让孩子专注于他正在做的这件事，并理解、研究到把这件事弄懂。

许多孩子都被诊断出患有“过动症”，我处理这些孩子的方法，提出来作为父母的参考。

1、逐步减少影视、电玩的刺激时间。研究证明，过量的媒体刺激，造成孩子急于得到下一步的答案，而失去动脑思考的机会。背后的原因，其实是父母将陪伴孩子的责任，多数时间放手给了电视、电玩造成的。也就是说，在减少电视电玩时间的同时，请父母多陪伴孩子。

2、陪孩子在一种游戏中找出乐趣。现在孩子的问题是玩具太多，有太多选择，却没能从一种游戏中玩出最多的乐趣。这就需要父母的帮助了。

给父母的建议，让孩子挑选玩具，然后把其他的统统收起来，陪着孩子在一种玩具上，变换不同的玩法，鼓励孩子想出更多的创意，父母对于每一次的创意大声欢呼，大声赞美，就能培养孩子做一件事的持续性。

3、讲故事。每个故事都有前因后果，也有主角的想法、个性，以及环境带来的压力与变化。每一段结束的同时，隐藏了下一次主角的改变，这时候，不妨请教孩子，如果他是主角，会怎么做?

我常跟孩子扮演故事里的角色，我们学着说书里的内容，常常我也会请教女儿，你是主角会怎么说。答案没有对错，但是我的鼓励永远都是最大声也最兴奋。因为我知道，只要孩子愿意表达，就值得鼓励。

另外，和孩子一起阅读、聊天、下棋、到野外游玩，只要是在一件事找到乐趣，孩子还能在玩的过程中动动脑，都是消除所谓过动症有效的方法。

请减少孩子对于药物的依赖，许多父母接受了我的建议，陪伴孩子，减少电玩电视的时间，逐步地累积孩子做一件事的耐心，大量的鼓励，找出各种动脑的游戏，效果都十分显著。

每个孩子的长大本来都该有一篇属于自己的故事，现代孩子的可悲，就在除了念书还是念书。父母唯恐孩子书念不好，将来没出息。只奖励孩子的学业，那些能够丰富孩子生命的经历——交友、阅读、思考、异想天开，全被视为学习的障碍。孩子的故事也就越发看不清主角的特色，社会对现代孩子的评价说成“眼高手低”。孩子越缺乏特色，代表越容易被替换掉。这是父母要的吗？

奖励唤醒每个孩子沉睡的潜能，父母的奖励会成为孩子关注的焦点，因此，奖励孩子在生活里做对的事，这包括好奇、尝试、冒险、勇于表达自己的想法、坚持自己的价值、关怀他人、有慈悲的心、爱自己也爱别人。

更重要的是，请父母在看到、听到、感觉到孩子有心开始时就奖励；每当孩子用心时，就立刻奖励；奖励要及时，孩子才能从茫茫然的摸索中跨出成长的下一步。

沟通内容：

父母小时候，对奖励有过渴望吗？好不容易得到一次奖励的机会，说说看，当时的感觉。孩子听到这个故事，也会开始描绘自己人生的梦想。

父母心得记录：

_ _

_ _

_ _

▶第六章◀

孩子撒谎怎么办？

没有哪个孩子来到我的面前会撒谎，没有指责、没有打骂，真实从每个孩子的本质里自然而然地流露出来。

面对父母提出孩子喜欢撒谎的问题，通常我会请问父母：

“请教一下，当你孩子犯错了，对你也说了真话，你会怎么处理？”

时常听到父母理直气壮地回答：

“犯错，那还不修理他一顿。” 要不就是这么说：

“孩子犯错误，肯定是要责备的啊！”

我回答这些父母：

“除非你的孩子是笨蛋，才会每次犯错之后说真话。因为时间久了，孩子发现，撒谎可以免去皮肉之苦、可以逃避事实、可以对自己犯下的错不负责任，孩子当然就会撒谎。”接下来，我请教父母：

“这么看来，孩子的撒谎，是被我们做父母的逼出来的，那下次，当孩子犯错时，请问你们做父母的该如何处理呢？”

在这里我想特别提醒父母——犯错是孩子的权利，教导孩子从错误之中找出正确的方法则是父母的责任。

想想看，从小到大，孩子所有的进步哪个不是在错误中累积经验，加上父母的指导逐步学成的？走路是这样学出来的，吃饭也是这样，孩子从发出的第一个声音到学会说话不也是这样？

学习是种探索，请不要太快用对与错来判断、批评孩子的行为。因为，孩子的行为只是外在环境的反射。

所有孩子的行为都有一个指向性——我在长大！我不知道什么叫对，也不知道什么是错。我像树一般迎向阳光，生长出的每一片叶片都是洁净的；而空气中弥漫着灰尘，布满在我的全身，请不要指责我，说我怎么这么脏。如果爱我，请改变影响我的环境；请不要骂我，给我关怀的风，帮我拂去外表的污垢。因为，我只是迎向光明，努力长大。

帮助孩子面对自己的行为。在每次的尝试后，找出需要改进的地方，这才是父母最重要的工作。

看到孩子的盲点，请父母先思考一下，用什么方式可以协助孩子改进，相信这世界就少有撒谎的孩子了。

另外，匆忙也是造成孩子撒谎的重要因素。父母问孩子，功课写完了吗？孩子说写完了。孩子撒谎，只为了从玩乐里再积蓄下一次学习的动力，而不是喜欢撒谎。

现在的孩子常没有属于自己的时间。老师习惯于丢出许多功课，孩子写完了语文写数学，写完了数学，接下来还有一堆英文要背，还有钢琴要练。撒谎似乎是唯一喘口气的方法。

生命的乐章总要有高低起伏的频率，才引人入胜，紧凑的节奏固然让人绷紧神经，效果立见，但也会令生命的弹性过早的欲振乏力。

匆忙来自于父母急于看到孩子学习的成果，却不知由此会扼杀掉孩子的学习兴趣。压力带来反弹，包括撒谎、逃学、沉迷电玩。孩子对抗父母要求的结果，是被冠上个叛逆期的称谓。每个人都说这是成长过程，其实中间大有改进的文章可做。

稍大一些的孩子，为了迎合父母的标准，考试作弊时有耳闻；进入社会，为了能获得更好的升迁，则掠夺别人的工作成果。这些现象，往往开始于从小急功近利式的教育。

撒谎的行为，最容易蒙蔽虚荣的心。许多父母只要表面的显赫——孩子在班上的排名、考上全国知名的学校、得到的奖状，却很少花时间“经营”孩子的学习过程。既然父母要的是如此表面，而不求孩子理不理解学习内容，孩子能够蒙骗过关，又何必全力以赴？

撒谎只是表现在外的现象，造成撒谎的心理因素，才是需要父母重视并努力改善的焦点。

此外，溺爱也会导致孩子的撒谎。很多父母无法接受这一点，溺爱怎么也会让孩子撒谎？我们不是说，没有指责、压力、打骂，孩子就不会撒谎吗？

让我举几个例子：孩子早上不想上学，躺在床上嚷嚷：“我不舒服。”父母问都没问孩子是什么原因，或给孩子量量体温，就已经帮孩子把理由都想好了。

“你一定是感冒了，那你就躺着吧！爸妈打电话向老师请假。”

还有，孩子上学要迟到了！有多少父母会不帮着孩子打电话？

“老师，对不起，我是某某的家长，是我早上耽搁了孩子上学的时间。”打电话的时候，孩子就坐在开往学校的车上，听着父母当面撒谎。这时候其实是最好的机会，让孩子学着对自己的行为负责，而不是帮着孩子，为错误的行为找理由。

还有许多案例，例如为了参加比赛得名，帮孩子从头到尾写好一篇作文，让孩子照抄。整个作品根本就是父母的成果。这些父母要小心了，有一天，你的孩子在你面前公然撒谎，千万别骂他，因为孩子会告诉你“那天你还不是说谎话。”

爱与溺爱之间的差别究竟在哪里？

孩子在内心里很少怀疑父母对他的爱。但许多父母只是付出爱，却忘了考虑孩子的感受。殊不知，只有孩子感觉到被爱，爱，才有价值。

当父母为了弥补没有时间陪伴孩子，而过多地承担孩子应该负起的责任，溺爱就发生了。

爱不是交换。孩子品学兼优，听话顺从，带给父母荣耀，父母就显现得和蔼可亲。当孩子犯错、顽皮、撒谎、功课不及格、沉迷电玩、打架、伤透父母的心，父母的批评、指责、打骂，全都出来。请问父母，换做是你，你觉得这是爱吗？

爱是唤醒，唤醒孩子内在的能力，这需要父母的陪伴与关怀。爱让孩子肯定自己，因为懂得爱的父母信任孩子、包容孩子犯错、保留孩子的面子、总是嘉许孩子的天马行空，让孩子认为，全世界最最了解我的人，就是父母。这就是爱。

爱无法存在于要求背后。要求孩子要好好念书，要听话，要照着父母的期望前进，每个要求的背后，也许只是一个放弃自我、盲目听从的孩子。

一个从没有为自己负过责任、满足过内心的渴望，总忙于应付父母的要求长大的孩子，一是较有撒谎的倾向，二是在青春期，叛逆心理特别强。因为孩子总有一天会想找回原本属于自己的想法和主张。

所有的撒谎都为了逃避眼前的压力，父母扮演了施压者，孩子就会成为逃避者；父母的包容、等待、谅解、陪伴、沟通帮助孩子的压力找到出口，孩子才能学会面对自己、面对事实。长大了，才更容易形成勇于承担责任、懂得担当的杰出人格。

父母学堂——孩子会撒谎

每个撒谎的背后，隐藏了孩子许多的挣扎和痛苦。

提示：

当孩子不清楚自己的行为是不是错的，被父母凶言厉色质问时，通常孩子会先试图掩饰，反复几次下来，孩子发现撒谎是解除父母带来的压力最好的方法，孩子就学会撒谎了。

请正视孩子撒谎的行为，撒谎让心灵充满扭曲，撒谎也让孩子的内心总是不时地走到阴暗的角落，孤独而又无助。

当父母看到孩子掩饰自己的行为，就需要注意了。找出孩子心中害怕与担忧的原因，尝试用轻松的态度，告诉孩子，错误是每个人成长路上的拐点。父母放下指责，放下严厉的批评，让孩子真实，真实能让孩子接受自己，接受错误只是个发生，就像对的事情也是个发生一样。孩子找回真实，才能感受到父母真心的爱。

沟通内容：

每个人都害怕面对自己的错误，父母应当帮助孩子理解，每次的错误都是有益于成长的，只有不知道自己犯了错，或是试图掩饰错误，才真的是错了。

聊一聊孩子从小到大成长的过程，请问孩子，如果在长大的过程中，缺少了对错误的提醒，你今天能够学习到这么多知识吗？

如果孩子每次做错，爸爸用撒谎逃避，妈妈也用撒谎掩盖真相，请问孩子，有谁还会信任父母？那么我们该怎么做呢？听孩子说说。

让孩子在错误中不断地感受到父母的包容与接受，爱，教会了孩子尊重自己；爱，帮助孩子走出对自己不满意的阴影。

父母
心得记录：

____

____

____

第一把智慧的钥匙：建设性提问

对自我有真实的认识，孩子才能从错误的修正里找到肯定自己的力量。因此在错误发生后，敢于面对真实的自己，孩子才有进步的机会。

※　撒谎的动机来自逃避痛苦，避免承担责任。当父母优先建立奖励诚

实的教育模式，孩子才有机会表现出诚实的行为。

孩子的内心，不因恐惧而受到扭曲，就能发展出健全的人格。

建议父母，发现孩子撒谎，不妨先停下来思考一下。过去，有没有因为孩子诚实地说出做错的事，遭受到父母处罚的案例。我想多数是有的。

过去采用了责备、处罚方式对待孩子真实的告白，现在，父母再次发现孩子有撒谎的行为，建议父母换个方式处理：

1、父母的道歉

“孩子，真对不起！每次你告诉爸妈做错了什么事，其实我们很高兴你说了真话，爸妈应该对你的诚实，奖励你才对，结果还把你骂了一顿。你可以接受父母的道歉吗？”——父母针对过去的方式，开诚布公地向孩子道歉，一方面作出正确的示范（父母为做错的事道歉，是给孩子在诚实方面作了最棒的示范），一方面表达了父母处理问题的态度。

“我们真的很抱歉，从现在开始，爸妈知道，每个人都是从错误中学习长大的。你可以接受父母的道歉吗？”

“知道错误的原因，我们才有机会进步。过去父母用的方法不对，你愿意帮助父母进步得快一点吗？那我们一起来找改进的方法，孩子你看好吗？”——邀请孩子共同面对问题，是解决与孩子有关的问题，最好的方法。

2、父母在不得已的情况下说谎

在生活中，父母都有过这种经验，用善意的谎言来帮助别人，孩子知道了，一定要对孩子说明原委。讲述的过程，最好还能请孩子参与讨论，请孩子说说他的观点，进而请教孩子的想法是什么：

“孩子你也看到当时的情况，父母如果不出面，说不定他们夫妻就会吵起来。你对于父母的处理有没有什么看法啊？”——还原事情的经过，没有辩解，听听孩子的观点，才能了解孩子的想法。

“要是你的话，请问你会怎么处理？”——请教，是对孩子最好的教育。

3、孩子撒谎成了习惯

孩子犯错了，父母也清楚事情的经过，孩子还公然撒谎。这意味着孩子对撒谎的行为已经习以为常——这方面父母需要思考，是不是过去的管教不当，孩子在心中留下阴影，造成孩子逃避事实，如果是，请父母调整教育孩子的方法。

有些孩子撒谎成为习惯，关键在于孩子的认知出了问题——做错了事，对父母讲诉事实，却带来指责、打骂的结果。过去的难堪留下深刻的记忆，造成孩子明明知道做错了，还强迫自己去说出捏造的内容，并且在说出的时候，潜意识里认为真的就是这样。

※ 有父母问我，什么叫做认知。简单说来，由生活中累积的经验，形成对人对事判断的基础，就是一个人的认知。

认知的形成，与孩子的生活环境密不可分；也因某些行为重复地发生，及发生的次数，而带给孩子不同的影响。举例说明：

（1）环境的影响

孩子从小生长的环境整洁有序，孩子的认知——家里的布置、摆放，就该是这个样子。这份认知有可能影响到包括孩子的穿着，房间的整洁，以及日后组成的家庭，都保持与儿时类似的形态。

反之亦然，孩子在龙蛇混杂的环境里长大，孩子的认知——这也没什么不对。时间一长，孩子效仿周围普遍存在的行为，就算违法乱纪也不认为有什么大不了，最终也许成为社会的祸害而不自觉。

至于影响的力度，至于会不会成为孩子的习惯，则与下列的说明有关。

（2）重复的行为及发生的次数带来的影响

环境的影响，带给孩子的认知，较多偏向于孩子对自我的身份、定位及角色的认定。也就是说，孩子不排斥环境的暗示，但却还不到认同暗示影响到行为的地步，也因此尚未成为孩子的习惯。

带有决定性影响的，反而是孩子身边人的谈吐、举止、做人做事的风格，及价值观。这些行为在孩子身上，会发生多大作用，是否会成为孩子的习惯，则与发生的次数息息相关。

譬如父母对孩子说：我们爱你。刚开始，孩子接受了这个信息，但那只是来自父母的语言。重复的次数多了，孩子从接受，到语言成了孩子的信念，孩子也开始对父母回馈相同的语言：我爱你。

在这里举一个与孩子撒谎有关的例子——父母承诺了孩子，星期天全家一起看电影，因为临时有事，做不到，父母认为答应孩子的只是小事，也没在意。

孩子初次的反应通常很强烈，也很愤怒。类似的经验，父母失信于孩子的情况重复发生，孩子在不知不觉中，从愤怒排斥，到默认这样的行为，孩

子建立起一种新的认知——对说出的话，承诺的事，可以不负责任。这中间，由于孩子的抗议没有得到父母的响应，孩子在新的认知里又有了进一步的看法——撒谎可以轻松逃避本该承担起的责任。

为什么？因为父母每次答应的事，没有做，也没有给出任何的答复，更没有对遭受欺骗的孩子作出任何补偿。

我之所以对于认知多作说明，相信父母也已经找到答案——孩子的认知不存在对与错，只是对环境的反映。

但在这里有个非常重要的观念，请父母特别留意：处罚孩子撒谎，却没有针对撒谎形成的因素——环境、周围人物的行为加以说明，或是建议孩子正确的做法，就很容易教养出孩子另一个错误的人格——虚伪。

怎么说？只要孩子身处的环境、人物，那些错误的因素没有消失，就依然暗示着孩子——这么多人都这么做，你没有错。而父母的打骂形成了威胁，孩子唯一的途径，就是虚与委蛇。

虚伪与撒谎是孪生的双胞胎，如果说撒谎逃避的是面对真实，虚伪则是无力承受外在压力下，不得不作出的应对。虚伪是孩子在无计可施，不得已情况下作出的选择，更糟糕的结果，是孩子在心智上造成了扭曲。

知道吗？我们身边有无数这样的孩子，陷在这错误的环境，错误的价值观，错误的行为泥沼里，挣扎呐喊。请别再这么简单地批判孩子的对错，孩子只是需要帮助。写到这，我都难过起来了！

当父母从孩子的言行中看到说谎、虚伪时，这往往意味着孩子已经积非成是，撒谎成了一种惯性。弥补之策是，父母教育孩子的方式要改，也建议父母找一些心理专家来进行协助，帮助孩子重新建立关于价值观、品性、品德、对与错的标准……这些新的认知。这个过程，十分重要。

父母也可以试着运用建设性提问的方式，请教孩子：

“乖孩子，请注意说话的内容。整个事情的经过，是不是有父母不清楚的部分，你要不要再想想，待会再跟爸妈说说？”——给孩子辩解的机会，但不要在沟通中直接指控孩子撒谎。

父母只需强调对诚实的重视，并再次重申犯错是每个人成长中很重要的经验。例如：

“透过犯错，只不过指出了每个人过去不清楚或是不明白的观念。”——父母先表示出处理问题的态度，有助于孩子减轻压力。

“孩子，父母过去也会犯错，不要太快对犯错作出好或不好的判断，它只是做事的结果。但是，承认自己犯错，下回做正确的事。这样，犯错成了我们弥足珍贵的经验。”——帮助孩子建立新的认知。

“当然也有人告诉自己：糟糕！我做错了，赶快隐瞒起来。你看，不同的选择，在犯错之后，决定了我们是多了一次收获，还是变成逃避者。”——请父母留意，这段话没有指责，而是告诉孩子不同的选择结果。

“爸妈认为，找出做事的结果，让我们清楚了下一步的方向。对了，向前；错了，找方法。孩子，你认为珍不珍贵？但是如果我们不能真实地面对结果，逃避责任，孩子，你知道吗？这很可惜，错过的只是我们自己的成长机会。”——破除孩子对错误的恐惧，或是对结果的逃避，都有助于孩子建立新的认知。

“面对结果，父母知道面对自己犯下的错，需要一点勇气，可是父母对自己的孩子充满信心。尝试着看看，好吗？”——运用这句话的时机要稍微注意，等到孩子认可了上述的观念之后才说。

“父母给你一些时间，你想明白了，再找我们说清楚整个事情的经过。你看好吗？”——给孩子时间，就是给父母沟通、表达的空间。

※ 发现孩子有撒谎的行为，务必十分重视，这牵涉到孩子能否有健全的人格，以及健康、不被扭曲的心理成长。

父母学堂——建设性提问

撒谎也是一种想象力，看父母如何运用这个力量，将孩子带入到积极、正面的人生轨道上。

撒谎的行为固然是错的，但却也反映出孩子生活中存在的问题。没有压力与扭曲，孩子的心中——只有真实。

提示：

三岁左右的孩子，大脑皮质层刚刚发育完成，这时的孩子还没有清楚的判断能力。这个年龄段前后期的孩子，常表现出相当多的想象。有时父母会听到孩子说，他正在和一个叫什么名字的孩子在玩。父母千万别斥责孩子，认为这么小的孩子就会撒谎，不是的，那只是每一个孩子在这个年龄段都有的现象。

父母最好的响应——配合孩子的想象，而且还可以借由这位虚拟的人物，教导孩子一些生活中的礼节。

假设我们把孩子想象出的这位虚拟人物叫做乖乖（通常孩子会告诉父母

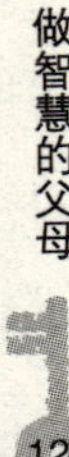

“他或她”叫什么名字，父母听到，只要接受就好)，父母可以试着这么做：

孩子说：“妈妈，这是我的新朋友，他叫乖乖。”(孩子指了指空气中的一个位置)

母亲说：“乖乖你好！”然后稍等一会，接着再说“乖乖真有礼貌！”同时告诉孩子：“哦！孩子你看，这位乖乖非常有礼貌，他会叫我阿姨，还会说阿姨好。真是一位有礼貌的小朋友。”

这时候孩子常会争着表示，说自已也很乖，父母在此刻要给孩子正面的响应：“那当然，妈妈的乖宝贝本来就非常乖，下次，看到别的阿姨，妈妈的乖宝贝会怎么做啊？”

孩子当然会大声地说：“我要叫她阿姨，我还要说阿姨好。”

这个年龄段孩子的种种想象行为，大都维持半年到八九个月，父母不妨好好把握这一段充满神奇的时光，教孩子如何与其他孩子相处。也可以运用相同的技巧，教会孩子从吃饭到穿衣，以及生活中的诸多礼貌。

把握住这个简单的原则——需要孩子学习的事情，不要直接对孩子说，而是告诉孩子，他的朋友“乖乖”现在正在做什么；什么事“乖乖”做得非常棒。用这种方式，引发孩子的学习兴趣。相信父母会有十分惊喜的收获。

沟通内容：

多关心孩子的想象，也请别忘了常常和“那位小朋友”打招呼。孩子的学习成果，只是环境的反映。父母表现出的任何反应，最终都将一一在孩子模仿的行为里完整呈现。

较大的孩子如有撒谎的现象，父母需要先找出孩子的压力点在哪里。通常父母的行为模式稍作改变，认同理解孩子，一旦孩子的压力解除了，撒谎，这个被压力逼出来的行为，自然就消失了。

父母
心得记录：

_ _

_ _

_ _

第二把智慧的钥匙：把选择权还给孩子

1、把是否认错的权利还给孩子

许多父母强逼孩子认错，却忽略至关重要的一点——花时间理解孩子的想法和关注孩子做事的动机。

孩子不愿认错，一定是在哪个观念上被卡住了；譬如十五六岁男生，最容易发生打群架的事。父母就表面的情况判断，打架，肯定孩子错了。错了还不认错，是多数父母最不能容忍、也最生气的事。

一顿打骂，父母的气是消了，也认为教训孩子必须这么做。让我在这里请教父母，有效果吗？教训孩子的目的达到了吗？

我接触到的许多问题孩子，与父母只看表面现象就劈头盖脸地打骂脱不了关系。因为孩子不认为自己有错，再多的打骂，只会造成孩子与父母的关系紧张。

孩子发生问题是一步步造成的，先是与父母的沟通不畅，接着关系紧张，再后来的关键因素——父母的打骂是把孩子向外推的力量，而外在的诱惑，又不断将孩子往外拉，等有一天孩子觉得委曲，觉得父母从不信任他说的话，不得不在父母面前撒谎、虚伪，谎言与虚伪带给孩子承受不住的压力时，这一切的问题造就出了问题孩子。

其实给孩子足够的表达机会，父母会听到孩子述说认为自己没错的诸多理由。例如为了朋友的道义，为了回报同学在平日里的照顾，为了路见不平，或是因为对方的挑衅，一时冲动。这一切，孩子“为了什么”的想法，只要父母打开倾听的大门，就不难了解孩子的价值观，以及孩子的思考方式。父母找出孩子错误的原因，才能对症下药，避免亲子关系紧张的后遗症。

父母可以参考下列表达方式：

“还好吗？有什么地方不舒服吗？听到你打架的事，让父母吓了一跳。”——处理孩子的问题，没有比先表示出父母对孩子的关怀更重要的事，这也会让孩子清楚父母的态度，使父母与孩子的沟通更加顺畅。

“能听听你（孩子）的看法吗？是为了什么原因打架，并且还有人受了伤。”——没有指责，没有愤怒。孩子就有了坦言事实的勇气，父母才有机会了解孩子的真实想法。

“你愿意让我知道，你打算如何处理吗？”——父母表达的内容，已经暗示出，孩子需要思考如何去承担责任。

当孩子口头上认错，态度上很明显地表示出反对或愤怒的情绪时，父母最好再次请教孩子：

“还有些什么事是父母不清楚的吗？是不是还有不满意的想法？那能不能请你说出来啊！”——说明是让孩子理清思路最好的方式，也是协助孩子找出观念里盲点有效的方法。

父母在响应上，避免使用否定式的言语——你这么说我不同意；你怎么这么说话；你说的不对；你这个想法根本行不通；你这个孩子怎么这么笨……一些容易引起对立的措词。较好的方式——回到之前提过的建议，认同、理解、表达。随时点点头；说很好；表示理解，表示父母清楚你说的内容，时不时呵呵笑一笑，这些表示善意的方式都是不错的选择。

有父母问我：为什么要这么麻烦？

我的答复，交流沟通才有机会看到孩子观念上的盲点；包容，才不至于让孩子在情绪上产生对立；接受，父母接受孩子的错误，才能带给孩子接受自己的勇气，以及努力就会越来越好的信念。孩子有了改进的意愿，自发性地承认错了，才是解决根本问题的有效方法。

如何让孩子从内心里认为，这个观念对我有意义，这样的做法能够让我更出众。这需要父母给予孩子更多的包容与耐心，再加上一点奖励引导的技巧。

2、把道歉的时间、方法的选择权还给孩子

父母要教导孩子树立正确的价值观。何谓价值，简单的说法：为自己、也为他人同时带来收获。

孩子之间发生争执，逼迫自己孩子向对方道歉。虽然解决了眼前的纠纷，却没有带给孩子有益的成长。愤怒的情绪没有得到舒缓，反而可能引发下一次更大的对立。

协助孩子去思考道歉的意义。道歉的价值不光是对与错的划分，难能可贵之处在于道歉的人表现出的胸襟——敢于承担责任。

在我小时候，母亲处理我的打架，从来就是一个规矩；有理三扁担，无理扁担三。意思是说：打架就是不对，有道理的打三下，没有道理的，也打三下。既然有理没理都要挨打，下次我学乖了，遇到争议，让我们讲道理吧！

讲道理，对血气方刚的孩子是个挑战，尤其是男生，把讲道理的人都看做是心里害怕，直到有一天，母亲告诉我韩信受胯下之辱的故事，原来，真正胸怀千里心存大志的人，是不计较鸡毛蒜皮小事的，当时我一下子决定有

为者亦若是，大丈夫当如是也。

可是每当我讲道理，发现没有人要听。慢慢摸索，才懂得讲道理的人最好先道歉，因为道歉常常可以满足对方的荣耀感，也可以避免争论，对方也就愿意给我点机会。

接着发现，道歉的好处还不少，每每我先道歉，不仅赢得对方的好感，很多时候，也引发他人对自己的反省。再大些，由于不畏惧道歉，还真的从道歉里看到自己的不足，也就找到自己成长的空间。

道歉，尤其对男孩，当他明白是种成熟的行为，通常会更愿意去做。

另外，每个孩子与孩子的交往方式，父母是很难去分辨对错的。像男孩子间发生的不当的行为，与女孩子之间产生的摩擦，处理的方式，肯定是不同的，何况还有孩子之间谁与谁的关系如何的问题。

父母要管的是原则——对的观念是什么，正确的做法该如何。至于孩子如何道歉，怎么做，父母只要知道孩子有去做这件事就够了！

3、需要面对专家时，是独自面对，还是希望家长陪同，选择权交给孩子

如果孩子有必要接受专业的心理辅导，父母要优先告知孩子这件事的重要性。在告知的过程中，务必避免触及到孩子撒谎的行为，仅就心理辅导是建立健康心理的一种手段，与孩子进行交流并听听孩子的意见。是否需要父母陪同，则尊重孩子的选择，不需要在这件事上与孩子争论。

孩子选择单独面对专家，父母事先一定要告知专家：

“我们（父母）和孩子作过沟通，孩子希望独自面对您。在这件事上，我们尊重孩子的选择。”

让孩子单独面对专家背后的意义——父母对孩子的尊重。

记得将发生在孩子身上的案例，及父母在当时所看到的经过，详细告知专家。心理辅导结束后，请教专家回家后该如何处理。

父母学堂——把选择权还给孩子

形成撒谎的主要因素是不自信，以及对结果的恐惧。尊重孩子的选择权，让孩子决定结果，是增加孩子自信最有效的方法。

提示：

许多逞强斗狠的孩子，多数来自不被尊重的家庭。长期遭受到父母的否定，这群孩子急于证明自己是很厉害的，不论是用拳头，拿刀，甚至于抢劫。

有天在报上看到，几个十七八岁的孩子拿刀抢超市，在送往警察局的路上依然笑嘻嘻的，浑然不知抢劫犯下的是重罪。记者采访问他们为什么？这些孩子知道严重性了，哽咽着说："我们只是在证明谁的胆子最大。"

这些不肯定自己的孩子，我在接触进行辅导后，一般都有不错的结果。其中主要因素，我让孩子明白——证明自己，从作出正确的选择开始。

尤其那些功课较差，缺乏自信的孩子，在平日里，很少有人尊重他们的意见。在我上课里玩选择游戏时，我尊重每个孩子，每个孩子也就重视自己，包含自己的未来。

游戏是种选择，每次的选择代表着对结果的判断。游戏中，一种角色选择当个小摊贩的老板，今天投资五千、一万的，明天就可以看得到利润；另一个选择，当个先投资五年的汽车制造厂经营者，投资期没有半点利润，一旦投资成功，获利是几千万、几个亿。

我让这些孩子经由选择看到，昨天投资今天就赚钱的人，好比那些考试成绩不错的同学。前面努力了，立刻看到回报。我也让孩子看到，如果没有投资自己五年八年，终其一生，也就只是挣个零花钱，没有太大作为的摊贩。要想追求长远利益，不想失去自己一生的机会，不仅要持续地努力，也要学会面对真实，才能从现况中不断地作出正确的选择。

我告诉孩子，选择没有对错，人生也不止一次选择，每次的选择只是决定了人生的经历。重点是对自己真实。

有的孩子因为害怕自己做不到，而作出短期的选择，但是这不代表孩子喜欢选择带来的结果。帮助孩子清楚内心里真实的渴望，帮助孩子认识到，面对自己的害怕其实是件很勇敢的事，所有的孩子，是的，所有的孩子在解除掉对未来的恐惧后，都作出了选择，选择相信自己，选择努力增强自己的实力。同时明白，一旦作出选择，就要学着为正确的事情付出代价。

每个孩子最后都学习到，每挑战成功一次，就如同在人生里又累积了宝贵的投资，能在日后荣耀于人前故里，倒没有孩子再愿意作出撒谎的行为了。

因为孩子知道，人生是自我选择的结果。

沟通内容：

唤醒孩子的自信是解决孩子撒谎的主要手段。这一部分可以从培养孩子作选择开始。

在一开始，对于不习惯自己作出选择的孩子，父母可以从一些小事上先练习。请教孩子，例如：

“待会爸妈要做晚餐，你想做什么吃啊？”

“今天星期天，有没有想去哪里玩？来，你给我们出个主意。”

“麻烦你把自己房间整理整理，你自己决定什么时候做，你看好吗？”

当孩子在作出选择时，请父母千万不要提出任何异议，避免孩子又将选择权交还给父母。假如真的遇到孩子作出的决定需要调整，也是由父母再次请教孩子，让孩子拿主意。

第三把智慧的钥匙：订立明确的标准

在做个案辅导过程中，最令孩子愤愤不平，也是造成多数孩子说谎的原因，都与下面这句话有关：

“我的爸妈还不是整天说话不算数。”

是的，处理孩子撒谎这件事上，最大的困扰就是来自父母的不良示范。或许父母有不得不这么做的理由，但是也请父母思考，行为的标准会因为人物、地点不同而改变吗？

父母在行为上的调整，对建立孩子明确的标准，能够带来事半功倍的效果。这同时，也建议父母尝试着与孩子进行下面的交流：

“真的很抱歉，过去没注意到父母答应的事，有这么多没做到。以后如果再发生相同的事，能不能请你（孩子）提醒我。”

父母的认错能给家庭带来积极的意义：代表每个人都会犯错，只要认错，就有改进的机会。这种力量对于成长中的孩子帮助最大，孩子学会面对真实的自我，并在转变中增强了对自我的肯定，也为孩子带来积极的自我暗示，“我可以成为更棒的人”。

谈到订立明确的标准，先给父母一个小小的建议：在家里挂上白板，把每个人答应下来的事记录起来。或是用更简单的方法，买几个磁铁附在冰箱上，把任何事都写下来。好处是使用方便，同时也让每个人找不到借口——我忘了。

另外还有一些需要建立的观念请父母参考：

1、家庭中的每个人都需要遵守相同的规范。

2、犯错是每个人都会发生的事，不论家庭中的谁，行为有了偏差，家人之间都全力地包容与支持。这不仅指父母对孩子要这么做，也需要由父母彼此的相处方式，带出包容、支持，相互关怀的家庭气氛。

3、犯错可以是种收获，当我们面对事实，加以改进，反而能给家庭带来成长的力量。

4、等待犯错的人自己说出事情的经过。这不仅是耐心，更是家人间的信心。其他人可以表达关心，但不要产生压力。

5、 把下面这句话带入到家庭的文化里：撒谎真正伤害到的是自己。长久下来，会成为无法真实面对自己、又不受到他人肯定的人。

6、对因为我们的言行而受到伤害、蒙受损失的人，要当面说明原委，并承担责任。这一点，建议父母先从对待自己孩子的态度开始。

7、发生了无法处理或面对的事情时，要懂得寻求帮助，家人是每个人最好的支持者。建立这个观念，可以避免孩子在压力下作出无可挽救的错事。

8、坚信每件事都可以找到好方法。当我们真实面对困难，就没有撒谎的必要了。

另外，有必要说明，从孩子的角色来看撒谎的定义：

当孩子处在没有压力，没有威胁、害怕、恐惧的环境，又有足够的选择权利，作出扭曲事情真相，规避自己的责任，意图混淆父母注意的焦点的行为。我对这类行为才认定是撒谎。并且这类问题才是父母要及时处理的心理层面问题。

在压力下的撒谎呢？我定义成逃避。威胁下的撒谎，就不光是孩子，那是每个人为了避免受伤的生活智慧。害怕与恐惧情况下的撒谎，则是孩子无法掌握未来的变量，一时的权谋之计。

我之所以提出这样的说明，希望提醒父母，除了第一种类型，孩子的心理已经发生障碍，多数孩子是情非得已的不得不。也指出解决孩子撒谎的问题，最佳的处理办法，请父母调整、改变教养孩子的方法。

父母学堂——订立明确的标准

孩子的世界充满了许多想象，但是没有谎言。所有的谎言，都是压力下的产物。

提示：

当孩子不清楚标准是什么？孩子的所有行为就不存在对与错的问题。这点需要请父母用心思考。

许多父母往往以自己的标准，作为惩罚孩子的依据。孩子在犯错之后，需要有人仔细地咨询，这么做的理由，告诉孩子该如何做。孩子只是受到惩罚，是没有意义的，因为孩子并没有从错误里学会了有用的观念。下次再犯了错，孩子要是不撒谎才怪。

在处理孩子撒谎一事上，务必请父母先思考两个问题：

孩子的压力在哪里？

孩子的撒谎是为了要逃避害怕，孩子害怕什么事情？

沟通内容：

让孩子清楚父母的爱。这不仅是语言上的表达，还需要在生活中父母行为的配合。当孩子清楚父母的爱是没有条件，没有要求，只因为我是你们的孩子，你们永远爱我，这就够了。

父母对自己付出的爱，是不是得到孩子的肯定，听孩子说说感受再明白不过了。请别忘了，孩子的感受，才是衡量父母的爱唯一的标准。父母这么做了，千万不要在表达的过程中打断孩子的说话，也请父母不要作任何的辩解，只要静静地听。然后请教孩子，父母从现在开始会如何做，这样做，可不可以？

相同的理由，发现孩子撒谎，请父母先不要动气，孩子只是用一种选择来表达对父母教养方式的反应。那就是："我充满了害怕，我不知道如何对你们说真心话。"

建议父母在处理撒谎一事上，先让孩子充分感受父母的爱，接下来，把父母对孩子的期望，以及父母在做人做事上的标准——看重什么，不希望发生什么都讲清楚才是解决撒谎问题的根本。

第四把智慧的钥匙：给予充分的信赖与包容

太多父母在乍一听到孩子犯错时，第一时间就显露出暴跳如雷的情绪，吓得孩子把本来想说的实话，都缩了回去。

请父母要学会“等待”，等待就是在传达信息给孩子，一个尊重孩子的暗示。父母唯有等待，才有机会听到孩子叙述整个事实的发生。

没有人喜欢撒谎，孩子的谎言，只不过代表孩子无法确定，在表达真实内容后，父母所采取的响应。父母可以这样来响应孩子真实的表达：

“很高兴听到你（孩子）告诉父母整个情况，谢谢你，孩子，知道吗？爸妈听到你说出真话，心里一下子觉得轻松了起来。”——分享父母真实的感受，孩子也会受到感染，更愿意说出自己的想法。

“我可以和你聊聊天吗？”请教能够唤醒孩子的自重。

“能够诚实，比什么都重要。那有想过要如何处理吗？”——肯定孩子的选择，也传达了对孩子负起责任的肯定。

父母在孩子犯错之后，包容孩子的错误、相信孩子愿意面对问题，并期许孩子承担责任。在这样的教育下，孩子将无惧于自己犯下的错。自然就不至于撒谎了。

许多父母担心，不给孩子一点警惕，孩子哪会改？父母的想法只对了一半。改善，孩子需要先知道什么是对的，才有改善的方向。接下来，还要让孩子有想改善的意愿，这个意愿是出自于孩子的认同——爸妈爱我，这么相信我，我也相信自己可以做到。这个看似不重要，来自孩子自己的认同，才是所有孩子愿意改变的核心力量。

有父母说：我们这么做了，可是没用啊！提醒这些父母，不是采取的方法没有用，而是父母没有用一贯的原则教育孩子，才是没有效果的原因。

当孩子真的感受到父母教育的方式改了，孩子也一定会改善的。并且父母会发现，改善的速度还很快。

父母学堂——给予充分的信赖与包容

荒芜的土地，因为相信，才会撒上希望的种子。种子因为有了相信的祝福，有一天，一片森林长出来了。

提示：

一位农夫在土里种下了种子，浇水施肥，一年过去了，什么都没有改变。第二年，农夫浇水施肥，什么都没有改变。旁边的人开始有了看法，可农夫什么都没有改变。第三年农夫还是浇水施肥，许多人纷纷地离开，心中充满了失望，甚至骂声连连。只有农夫，他知道种下的是什么。第四年过去了，当所有的人都放弃，农夫依然浇水施肥，而荒芜的土地什么都没有改变。

第五年了，突然间，土里一下子窜出了十五尺高的爬藤，藤上慢慢地长出了晶莹剔透的果实——提子。所有的人都来恭喜农夫，说农夫是世界上最幸运的人。农夫说：我只是相信，每颗种子都渴望向上长大。

是的，我们的孩子也是，渴望向上、长大。当父母有足够的信任，孩子在黑暗的地里就有向上的力量。当我们懂得包容，每个孩子都愿意呈现出生命里一切的美好，真真实实、快快乐乐地长大。

沟通内容：

请父母问问自己，从小到大，得到过多少次他人的信任与包容，这给自己带来了哪些改变。

请教孩子，在日常生活，父母信任孩子吗？在做错事的时候，心里有什么想法，会不会担心自己会被责备。

也请孩子说说：希望父母在管教上，有些什么改变？保持怎么样的尺度，才不至于让彼此的关系充满压力。

父母
心得记录：

_ _

_ _

_ _

第五把智慧的钥匙：随时奖励

奖励能够传达父母所重视的信息：因此当孩子犯下任何错误时，只要孩子愿意诚实，父母就奖励。这种教育方式，无形中已经明白告诉孩子，父母重视诚实的程度。

例如，听完孩子讲述犯错的过程，先温言鼓励孩子：

“最棒的孩子，你说得非常好，知道自己下回怎么做了，比什么都重要。”——认同孩子，孩子也从父母的认同，更加肯定最佳的成长方向。

或是这么说：

“不错嘛！知道自己哪方面做得不好，哪里出了问题，那就代表你已经找到最有价值的收获了，挺棒的你，爸妈在你这个年纪，做得还没你好。”

上述的举例说明有一点请父母留意，响应孩子的谈话，尽量避免涉及做错事情的部分，仅就正确的行为，说出父母的想法就好。

父母会担心，孩子犯错，不去指正，会不会影响孩子的成长？这又回到之前谈论过“认知”的观念。指正带给孩子的影响，保留下来的记忆如果是畏惧的、害怕的，孩子再面对相同的问题，有可能还犯下同样的错误。

对于孩子有帮助的做法，是强化正确的观念，以及从这次发生的事情，让孩子多一次新的经历。当然，孩子能获得何种结果，完全取决于父母处置的态度。

父母接受孩子把一件事做砸了的事实，却肯定孩子用诚实的态度来面对。犯错，反倒会成为孩子丰富的成长经历。

这么看来，撒谎才真会影响到孩子的一生发展，而不是做错的那件事。何况孩子的撒谎多与父母处置的态度有关，父母用愤怒对待孩子的犯错，就必然产生用谎言来寻求片刻逃避的孩子。这点真值得父母审视。

有些时候，孩子需要去承担犯错后的责任，请父母记得，只要孩子开始，包括开始想要，开始表态，开始说，就值得得到父母的称赞：

“孩子你真棒！这么快就想到该怎么做”——鼓励孩子的想法，是父母责无旁贷的，是教育孩子中最重要的责任。

“好样的，乖孩子，爸妈都为你的勇气感到高兴。”——赞美中也表达了父母对孩子人格教育的期望。

“看到你愿意这么做真的让人感到高兴，也觉得很自豪，我们家的孩子懂得负责任。”

每次孩子有了好的行为，就值得父母给予孩子认同、赞美。千万不要等。

奖励要从开始做就奖励，那会让孩子更清楚自己努力的方向是对的，孩子就愿意付出更多的努力，为正确的事情付出代价。协助孩子向正面、积极的人格发展，才是教育追求的最终目标。

父母学堂——随时奖励

孩子的行为只是反映父母教育的方向。父母重视的，父母奖励的，日常生活常常提醒的，都将影响到孩子表现出的各种行为。

提示：

认识奖励，多数父母把奖励的范围、种类想象得太小了。只要是正面的、鼓励的、肯定孩子的、对孩子善意的响应，都包含在奖励的范围。

肢体的语言更容易表现出奖励。常常抱抱孩子，亲密的肢体接触，拍拍肩膀，亲亲脸颊，过马路的时候，请孩子照顾你。偶尔加个孩子爱吃的菜，告诉孩子，他在哪方面的表现让父母觉得很棒。在亲友面前夸奖孩子一些具体的事情，这些行为上表现的奖励，会让孩子留下深刻的记忆。

有父母告诉我，我时常奖励孩子啊！我请教他，都怎么做，这对父母说：

“就像老师说的一样，常抱抱孩子，带孩子出去吃饭，我们的关系也很亲密，但是孩子还是会撒谎，这是为什么呢？”

“你做这些，是属于你们家庭的日常活动，还是针对孩子的表现，特别为孩子做的？”我请教这对父母。

“哦！这我倒没注意到，这有什么差别吗？”

“奖励要有效果，需要具备两个特定的因素，一个是要有具体的事实，也就是孩子真的做出了什么值得奖励的事。其二就是清楚地说明，让孩子明白，父母这么做，与孩子表现的哪件事有关。”另外，我这么解释给父母：

“抱抱也好，带孩子吃饭，或是买个礼物给孩子，都对增进与孩子的亲密关系有帮助，却无助于改善孩子的撒谎。因为，奖励要掌握好孩子表现出正确行为的时机，更要以孩子清不清楚被奖励的原因做基础，奖励才能发挥指导孩子，朝向正确的方向成长的功能，奖励才有意义。”

父母一般做得不足之处，多属于说明这一部分。结果，父母认为该做的都做了，该给的也给了。孩子呢？会觉得备受宠爱，可能还因此恶化了某些错误的习性，因为没有谁清楚地告诉孩子，正确的事情如何做。

沟通内容：

有位学生该交的作业没写，却撒谎说家里出事。老师了解了之后把学生找来，但没有教训学生，只告诉学生，平日里老师看到的他，很珍惜自己的名誉，也在帮助同学方面做得不错，希望学生能够好好保持下去。同时还请教学生在各科目的学习上，老师可以为他做些什么事。

学生没有说出撒谎的事，但是心里清楚老师在说什么。事隔多年之后，这位学生谈起这段往事，他说永远记得这位老师的名字，因为发生这事以后，他再也不骗自己了。

“过去，我总是自认很聪明，可以解决任何难题，其实那都是围着别人的想法在过日子，我从没有真正面对自己。一直到那天，从老师办公室走出来，心里的懊恼、难受，让我想清楚了，书是我自己要念的，我不要再骗自己了。就这样，也说不上拼命，反正一路念书考试好像都没再怀疑过。”

这位学生的话中，对老师充满了感激，最后他说：老师对他的看重，让他一辈子都要保持住对自己的尊重。

我想每位父母都可以从中找到许多值得和孩子沟通的内容吧！

父母心得记录：

第七章

孩子偷了钱　家长该怎么办？

孩子花钱的方式决定了孩子对金钱的观念，进而决定了孩子一生扮演的角色。

许多父母操心孩子把钱花到哪儿去了，却没帮助孩子建立起对钱的正确观念及管理方法。

本章讨论的主题，不在孩子偷拿钱的行为，而在其造成的因素——包括父母管理钱的方法，给孩子零用钱却缺乏管理，以及孩子把钱视为身份、能力的代表等等。

例如：

孩子用钱去交换友谊，将丧失他一生中最宝贵的人际关系；

孩子用钱去购买名牌奢侈品，养成孩子骄傲与炫耀的品性，损失的却是对自我的肯定；

孩子沉迷于电玩的五光十色，而引发成绩下降，离家出走，甚至造成孩子在性格上的孤僻与暴躁。

同样花钱，父母适当的辅导，也有可能教会孩子将钱用在帮助需要的人，而养成孩子乐善好施的良好品德。正确的金钱观，以及将金钱作出合理分配的习惯，能让孩子终生受用不尽。

学会运用金钱带来的益处，而非受制于金钱在人性上所带来的诱惑。

据我在课堂上的调查，太多家庭都有孩子不当用钱带来的困扰，造成的因素有以下几点：

（1）零钱随处摆放，没有管理

不论贫富，多数家庭缺少一套对钱打理的方法。家中随处可见父母任意摆放的大小零钱。在孩子小的时候，一伸手就拿到所需要的费用，这算不算偷钱？严格地来看，这就是养成孩子随手拿钱的潜在原因。但这是孩子的错吗？

孩子从小就没被教育正确的拿钱与用钱的观念，日后的行为才有了偏差。这让所有的父母都了解到一点，小事上培养孩子正确的原则，比日后纠正孩子错误的行为，要来得更重要也简单许多。

（2）父母不清楚身上的现金

多数父母对身上有多少钱，常常不清楚。尤其是以下几种状况——刚买完菜、出门购物回到家、家里请客，只要平日里没有好的管理习惯，通常在有经手钱的情况下，都容易发生孩子拿钱的事。

一开始，孩子拿走个 50 元，父母没有察觉。这太棒了！对孩子而言，这是个绝佳的取款机。下次拿个 100 元，还是没人发现。

结果是，哪天父母发现，好像少了许多钱，至于确切的金额是多少，父母也没个数。父母在家中到处兴师问罪，问到孩子，孩子肯定不承认。

（3）对零钱没有清楚的规定

管理家中的金钱，第一件事，就是对零钱有清楚的规定。比方说：凡是一元就不是零钱，也就是一元以下的才是零钱（看家长的规定）。

处理家中的这些零钱，最好有一个固定的存放容器，而对这些公开摆放的零钱是否需要控制，视各个家庭的经济状况而定。

（4）给孩子的零用钱缺乏管理

许多父母给孩子零用钱，毫无规矩可言，多半是孩子伸手要，父母就给。等到哪天父母不在家，孩子急着要买什么东西，一旦找到了钱，父母回家后也没发现，就容易发生第二次，后果就不用说了。

定期给孩子零用钱以及固定给多少，建立孩子这方面的规矩越早越好。有了给孩子零用钱的模式，才方便对孩子如何花用零用钱，花在哪里，进行管理。

给零用钱的时间，年纪小的孩子，建议一个星期给一次，方便父母掌握孩子花钱的方式及内容。大的孩子，最好是与孩子商量，我的建议还是以星期为单位。

不论孩子年纪大小，从零用钱交到手里的那一刻，请孩子要养成记账的习惯。到了要发零用钱的时候，请孩子凭记账的内容领下周的钱。

当然，还有许多因素造成孩子偷钱，以我的建议，父母做好前面的四项工作，基本上都能解决。

除了上述优先建立起管理钱的规定，帮助孩子对钱有着正确的观念与使用方法，才是解决问题的根本之道。

接下来是给父母的几个建议：

（1）请孩子共同参与家中金钱的分配

比方说：母亲拿到这个月生活费，当着孩子面，按家里固定支出，各项分期，分别装入一个个信封袋。

孩子的学习费、交通、伙食费等放入一个信封袋。用另一个信封袋装入家中的生活开支。还有一些别的项目：例如到了假期全家出外旅游的费用，分摊在每个月的金额、每个月预计要存下的钱，都可按不同的类别，放入专项的信封袋（或是分门别类地记载在纸张上）。

孝敬老人的钱不妨也单独放入一个信封袋。孝顺父母的观念，就这么潜移默化地传承给了孩子。父母所做的每一个动作，分配到每个项目的金额大小，对孩子而言，就是一次非常有价值的教育。

从每个项目分配金额的多寡，让孩子去评估，这件事在家庭受到重视的程度。孩子的学费是一笔不小的费用，也会引起孩子的重视。

建议父母在做这些事的时候，把每个信封袋上注明金额，交给孩子协助放钱进去。透过对各项支出的分配，孩子深刻地了解到，家里要花费的项目原来有这么多，同时也明白在整个花费中自己占去的比例。这点对于家庭环境不算富裕的孩子更具有意义。

家中各项的支出有了清楚的交代及安排，是教育孩子对于钱的管理，最简单的方法，也是防止孩子随手拿钱，证明最有效的解决方案。

许多孩子拿钱的原因只是为了证明，我的家并不比你们家差——孩子一旦参与了家中金钱的分配，了解到自己在求学过程里的花费，每一块钱都是父母辛苦换来的，会让孩子更去珍惜今天所拥有的念书机会。

※ 孩子从小学会如何支配钱，对钱的管理有了正确的认识，影响的是他一生的人格特质以及对金钱的掌控能力。

在辅导孩子拿钱的诸多案例中，父母采用上述建议，对钱的分配进行新的管理，还同时邀请孩子参与的家庭，改善的效果往往可以得到近九成以上的成绩。

（2）重视孩子的感受

孩子伸手要钱，有些父母会和孩子讨价还价，还在过程中引发一些争论，父母可能没有想到孩子在争论中会有这么多的感受（接下来的内容，可以说都是孩子告诉我的）：

自己不被父母信任——最多孩子的心声。

为什么父母每次都要怀疑我说的事情——怀疑是造成孩子叛逆最主要的原因，也是引发孩子对父母接下来的处理，采取撒谎、瞎编理由、蒙蔽的潜在原因。

我已经说得很清楚了，爸妈还是问东问西——许多孩子反映到这个现象的时候，情绪都显得相当激动，主要原因，父母会拉扯出孩子过去做错的事，让孩子觉得很难堪。

孩子有了这些负面情绪，日积月累下来，就会开始对父母的建议充满抵触及叛逆的反应。这也反映出，父母采取防止、围堵孩子的措施，无助于孩子的成长。

孩子常觉得与父母当面讨论给多少钱，很没面子。尤其通过争论，父母常会减少一些钱，可有些费用真的就要那么多。怎么办，撒谎似乎是最好的解决办法。孩子只好夸大所需的实际费用。另外，孩子还觉得父母完全不了解自己。

（3）协助孩子对钱建立清楚的管理方式

其一，请孩子参与家庭支出的分配，将家中预定费用扣除后，请问孩子学习上、自己的生活上还需要哪些费用?

其二，直接和孩子商量并加以计算。把早餐费、交通费、点心费、一些固定的费用，以及孩子有些什么计划，预计和同学会有哪些活动的预算，加起来就是孩子的零用金。

其三，孩子每周的零用金还剩多少，不是父母管辖的范围。请把它当成是孩子努力的成果。有些父母会因为零用钱有了结余，而缩减原先答应孩子的金额，这无疑是告诉孩子“请把所有的钱浪费掉、花掉”，我想，那不是父母所乐见的。

（4）如何协助孩子做正确的事

第一、奖励孩子正确的行为

孩子能够如实地记录自己的花费，就已经值得父母大力赞扬，还能控制在每周有些结余，就更值得父母夸奖。父母可以试着用这样的内容来赞美孩子的正确行为：

“孩子你真棒！懂得如何支配自己的钱了。”

“不错嘛！你还可以省下一些零用钱，如果到了月底，你可以攒下一些钱”

(父母要学会与孩子商量，共同定出一个标准)，爸妈另外再给你一些奖励。

※ 当孩子学会对钱的正确管理，更能对自己的行为带来高度的肯定。对自己充分肯定的孩子，较能在行为上产生自律的现象。

第二、请赞美孩子的诚实

发现孩子支出的记录上有不当的项目，或是有不符合当初与父母约定的内容，务必请父母学会赞美孩子的诚实：

“很不错啊，你把自己的开销写得清清楚楚，爸妈最看重的就是你的诚实。”接下来才请教孩子：

“能请教你吗？当初我们是不是约定好，有哪些事是要避免的啊？”(父母在此刻应避免直接指出孩子错误的行为，而是让孩子来说，当初约定的内容及理由。)

当孩子确认有哪些是与父母约定好的事，再次请教孩子：

“能不能请你告诉父母，有什么原因让你这么做吗？”——如果孩子还有什么顾虑，代表孩子对于父母的处理方式还不清楚。这时候，请父母重新说明处理的原则。孩子说了，赞美孩子如实的答复，而不作出任何的批评。

“现在知道该怎么做了吧，爸妈可以请教你吗？下回你会怎么做呢？”——请孩子把正确的做法说明一遍。

女儿六岁时候，每周拿出她巴掌大小的记账本，向妈妈领下周的零用钱。有一次，女儿登记的内容中有十元台币买了父母不允许的贴纸(印刷的油墨可能含有重金属)，正好我看见了，我请教女儿：

“乖女儿，知道这是我们约定好不能买的东西吗？”

女儿虽然满脸的不乐意，但是依然对着我点点头说：

“我知道。”

但是我并没有去责备女儿，反而对她说：

“非常谢谢你愿意诚实地告诉爸爸，那么能不能请你告诉我去买它的原因呢？”

“那是因为我的同学都买了，所以我也买了。”

“哦。”我接着请问女儿：

“那你有许多同学没有的东西，你的同学也都会去买吗？”

“没有。”女儿说完这话，脸色开始慢慢地轻松了下来。

我告诉女儿：“如果你真的很想买，下回能不能请你先跟爸爸妈妈商量？”女儿点了点头。我先对女儿说了声谢谢，接着说：

“爸爸答应了你的事，就有责任做好，乖女儿答应了爸爸的事，是不是也要想办法做好啊！”女儿用力地点点头。

“爸爸会尊重乖女儿的想法，请乖女儿也尊重爸爸，这样好吗？但是有件事，爸爸要好好地夸奖你一下，你愿意很诚实地写下花费的内容，这是爸爸非常看重的事，我可以给你来个掌声鼓励吗？”

女儿高兴地大声说：“可以！”

我用力地兴奋地大声为女儿鼓掌，同时请教女儿“下次，请问你会怎么做啊？”

借由上面的案例，表达了我对女儿零用钱的管理以及肯定诚实的处理原则。

在教导孩子的过程，父母不知要经历多少次这样的考验。父母表现出愤怒、谩骂，就有可能将孩子推向撒谎、逃避责任、懦弱等性格上的误区。

（5）处理问题的原则

有些父母常有这样的困惑：孩子错误的行为及诚实的行为，同时表现在一件事上，例如上面的案例，错误的花费与诚实的记录，父母该如何作出正确的应对？

简单的处理原则：“品德至上，观念优先。”首先对孩子在品德上的表现加以表扬，这会帮助孩子清楚在什么问题上坚持自己的立场。例如诚实。

其次，孩子行为上的错误，只是反映观念上的偏差，找出观念错误的源头才是值得父母关注的重点。

帮助孩子建立起正确的金钱观——钱的价值在于满足实际的需要，而非用于和他人的比较。

例如同学之间相互攀比谁的家里有钱，炫耀拥有名牌，都值得父母细心地加以说明。

（6）孩子额外支出及收入的管理方式

第一、教孩子对自己的花费负责

有时孩子提出额外花费的要求，而金额远超出每周的零用金。父母该如何处理？建议父母先请问孩子：

“你要不要先想想怎么处理，是自己每周预存多少钱，（几个星期后、几个月后）等凑足了钱再买？”

“你真的想买吗？如果现在非买不可，也可以由父母先代垫，再由你的零用金中按每周扣除。”

当孩子掂量每周会因此少掉许多零用金，有可能自己就打消了花钱的想法。父母此时不需要加以干涉，接受孩子的决定就好。

第二、为孩子开立独立的账户

将孩子节日收到的礼金、红包等，帮孩子在银行开立单独的账户，孩子小，父母存完款之后可告知孩子有多少存款。大的孩子则交由他自己管理存折，父母只需与孩子订立原则：

“这是你的钱，你有动用这笔存款的权利，但是麻烦你在动用前，能不能提前告诉父母一声。”

一开始，我们就谈到，孩子偷钱的行为，往往是父母管理钱的方式不当所导致。调整一下方法，基本上就能避免再发生这些行为，孩子对钱也能建立起正确的管理观念。

父母学堂——孩子偷钱

钱有两面，一面代表每个人努力而赚到的钱，这能满足人的成就感及安全感。

钱的另一面，花钱的方式，代表了我是什么样的人，也决定了他人对我的评价。

提示：

正确的人生观，才是避免孩子在花钱方面走进误区的根本。这包括如何分配金钱，如何珍惜钱带来的满足自己，也愉悦亲人及朋友的价值。

当孩子参与家庭支出的分配，看到父母如何照顾好家里每个人的需求，以及花费许多钱培养自己，孩子学会了何谓责任。

钱带给每个人的价值——安全感。这一部分，不是由钱的多寡决定，而是由每个人对钱的管理能力所主导。在钱方面的管理能力越强，安全感就越高，对于自我的肯定度也越好。

如果每个家庭都作好金钱方面的规划，相信所有的孩子都将学会一门重要的功课，善用金钱的力量。

在演艺圈走红两岸的歌手范玮琪，让我们看看，她如何在尽相比较名牌、奢华的环境里，管理好自己的金钱与欲望。

范玮琪的父亲是美国电机博士，“再富，也要穷孩子”的观念，从小就教会范玮琪懂得赚钱的辛苦。在半工半读的过程里，她对在校园当工读生、发传单这些工作都不陌生。到大一念书时候还当过业务员。

她自己说“从小的经历，让我这辈子对物质欲望很低，无欲则刚，因为没有太多欲望，生活就不会辛苦。”

看完上面这段介绍，是不是能提醒父母看看自己的孩子，对于金钱是什么想法？是有需要就伸手找父母，还是懂得管理好自己的花费？这两种不同的态度，会带给孩子哪方面的影响？

沟通内容：

知足。是的，请父母教会孩子知足。让我举一个例子。在台湾，每年营收近50亿台币、在上海也拥有相当知名度的王品集团董事长戴胜益。年轻时候，家里是台湾有名的大企业，养成他喜欢排场的习惯，吃饭，穿衣，开300万奔驰车，对自己一年的花费，不知道。

三十九岁他在事业陷入困境的时候，白天跑头寸，晚上依旧穿着华服，周旋于自己放不下的身段中。一天，他集团内的员工在下班后兼差，为了捡拾马路上的宝特瓶不幸车祸身亡，这让戴胜益彻头彻尾有了改变。

“把生活从奢华变成朴素，最难克服的是别人的眼光。”戴胜益说：“但是一旦生活回归基本面，不盲目追求外在的物质，心灵却因知足而富足。”

戴胜益回顾当年自己，当个有钱人孩子所养成的盲目比较与奢华的习惯，让自己差一点陷入欲望的无底洞之中。现在的他，特意教导孩子学会知足。

他说：“小孩子绝对不能未富先贵，现在就让他们了解任何东西得来不易，孩子才会懂得知足，这是我给他们最好的礼物。”

现在，您打算说些什么作为孩子一生的礼物呢？

父母心得记录：

____

____

____

第一把智慧的钥匙：建设性提问

家里发生偷钱的事，建议父母先别急着找谁兴师问罪，而是表达出实际的状况，例如：

1、“真糟糕！我一定是没注意，怎么钱包里的钱少了一些！”

知道钱少了，却不清楚少了多少？这是父母的疏忽，没管理好家中的金钱，因此一开始注意到这件事，最好的办法，在家中传达明确的信息：

“今天家里花了多少钱，还剩下多少，明后天还有些什么钱要支出。” 这会让孩子心生警觉。

2、“孩子，过来帮父母想想，是不是刚刚花了什么钱，怎么我记的账和钱包里的钱对不上数？”

案例显示，孩子常在父母刚购买完东西之后拿钱。父母传达出这样的信息，来暗示孩子，对于钱包里拿走的金额，父母心中是有数的。

孩子这时候承认说自己拿了多少钱，请父母千万记住！此时此刻要立即嘉奖孩子：

“太谢谢你了！不然还以为父母记错了！”夸奖完了，接着才能请教孩子：

“能请问你，拿钱有什么用吗？”

解决孩子行为上的错误，有一个很重要的原则，不涉及既往。发现孩子此刻的错误，要当做是第一次发生。父母在表达上不要涉及过去的行为，也不要去谈论曾经犯过的错。更不要暗示，过去发生的事，都是孩子做的。

听孩子的解释，不论是否合理，都要对孩子表示赞赏之意：

“孩子，谢谢你坦白告诉父母，下次有需要的时候，你会怎么处理呢？”

※ 教养孩子，请父母时时把重点放在，教孩子如何做对的事。追究过去或是责罚当时的错误，只是造成与孩子之间的矛盾。

许多父母认为，捉住孩子犯的错，就应该好好修理一顿。可是请父母留意，在偷钱后，孩子受到严厉的处罚，心中的想法，却另有一套自己的认知——我已经为错误的行为遭受一顿打骂，付出代价了。相较于拿了钱到外面花，带来的欢乐，或是受到同学们的羡慕，这点皮肉痛不算什么。

给孩子留下台阶，事实上是给父母留下教养孩子的空间。

3、“钱包里的钱少了，你看是父母记错了，还是你要用钱，来不及说？”

孩子承认拿了钱，父母们要趁这样的机会，好好建立孩子正确的金钱观念。不妨请教孩子，对父母赚钱辛不辛苦的看法。以及孩子每周的固定费用有哪些？零用钱有需要调整吗？最终告诉孩子，每周给孩子零用钱，不是家里有多余的钱，而是希望孩子学会如何管理好自己的金钱。

这里请父母留意，请孩子凭花钱的记录，领下周的钱，这些原则是不会因为孩子犯错而改变的。因为父母希望看到的结果——孩子在经历每一次的错误后，都有所长进，而不是认为会因此遭受处罚。

4、"孩子，爸妈可以和你商量一件事吗？我发现钱包里少了钱（金额要很清楚），我想知道你拿钱准备用在什么事上？"

当父母清楚知道孩子取走了多少钱，可以直接找孩子沟通这件事。但是态度上、语调上请不要拿孩子当罪犯似地问话，用平日里聊天方式最好。

孩子表示出，没拿父母的钱，父母要很清楚地告知孩子：

"买完东西,特别对了一下账,皮包里还有多少钱？"（要说出明确的金额，最好加上百元多少张、五十元多少张、十元有多少张）

"接下来我去处理什么事，来回多少时间，回来发现钱少了。"

"父母担心的是我的孩子是不是在外面发生了什么事，我们做父母的不清楚，逼得你只好从钱包里拿钱，你愿意帮助父母不去担这个心吗？"

孩子最后说出为何的原因，所以才会拿钱，都不要再追究拿钱的事。反倒利用这个机会表示：

"只要是合理的用钱，父母都会支持，如果在外闯了祸，更需要让家里人知道，我们做父母的永远关心你，可以吗？"

孩子会拿钱在外挥霍，许多时候是因为外在的诱因，大过父母给予孩子的爱，帮助孩子对父母的爱有正确的认识，在改变孩子的行为上，往往会起到意想不到的结果。

父母学堂——建设性提问

正确的提问，如同兴建在泥沼上的康庄大道，既指出前进的方向，又帮助陷入挣扎的孩子，脱离困境。

提示：

对于年纪小的孩子，不存在偷钱的事，而是钱放错了位置，让孩子随手可以拿到。

年纪较大的孩子，也很少有真正偷钱的念头，而是不清楚父母对自己支持到什么程度。遇到困难，就依着自己的想法，先拿钱办事，等到父母追问的时候再说。父母因为不清楚钱的数目，孩子拿了钱，也没人追究。发生这样的状况，是父母没把钱管理好，却害了许多孩子一辈子。

另一种现象，父母只追问孩子犯的错，或是伤心地控诉孩子，父母有多么失望。这种做法只会令孩子反感，于事无补。

正确的方法，把焦点放在孩子的动机上，以及关心孩子是否发生了什么事。表达父母愿意帮忙的想法，这会让孩子从心里，认真面对自己的行为。

沟通内容：

孩子花钱的方式，才是父母需要关注的重点。也是为了这个理由，我叙述了许多家庭管理钱及分配金钱的建议。

在这个主题上，不妨和孩子谈谈怎么花钱，为什么要花？如果已经上学，也让孩子说说，他的同学一般都怎么花钱，孩子的看法呢？

孩子会需要用钱来证明自己吗？如果有，想法又是什么呢？在前面，我举出范玮琪的例子，自信让她敢于做自己。问问孩子，对这样的例子有些什么收获？

 第二把智慧的钥匙：把选择权还给孩子

选择，是孩子在整合周边的信息后，为自己找出最有利的答案。

这就是把选择权还给孩子最有趣的地方。因为这是自己的选择，所以在执行上较不会引起孩子的抵触心理。父母也乐得轻松，只要从旁导引孩子遵循正确的观念就好。做法上，提出以下几个建议：

1、把认错的时间、方法，交由孩子自己决定

在过去的案例中显示，大孩子在承认错误上顾虑较多、想法较多，基本上是在意面子的问题。建议父母，把焦点放在观念上的改正与否，至于认错的时间、方法则交由孩子自己选择，会令孩子有种被信任的感觉。

有时候，当孩子不再犯相同的错误时，也代表孩子已经承认错误了！

协助孩子面对自己的过失时，应优先表达父母处理问题的态度，以及关注的焦点。

在建立正确的观念上，父母可以运用这样的沟通技巧：

“家里的钱本来就是用来满足全家人，过去，父母可能疏忽了你的需求，

或是我们没有充分地信赖你，才造成今天的这些事。我们做父母的也应该要反省一下！” 这个时候不妨将家庭的开支，摊开来请孩子共同参与。

2、如何承担责任，请让孩子选择

“另外，是不是请你思考一下，接下来该如何解决这件事？每个人都要对自己做的事学会负责，错了不要紧，重点在如何改进。自己想好了，选个时间来告诉我们，你看好吗？”

面对孩子错误的行为，处理的重心是在协助孩子改正。但是多数父母常陷入批评、指责孩子的情绪里，让父母失去表达善意的机会，也让孩子模糊了在错误中找出改进方法、承担责任的焦点。

3、牵涉孩子的零用钱，可以较大范围地请孩子提出想法

比如每周零用钱多少合适？孩子为了承担行为上的责任，需要扣还的金额是多少？另外，请父母代垫的款项是如何摊还？还是有什么想法？都可以听听孩子的意见。有不能作决定的，与孩子协商，要不先试用两个星期，看孩子记的账，最后再一起讨论。

云南昆明一位十七岁男孩的案例，可作为所有父母的参考：

平常这个孩子的穿着打扮都是名牌，光一双球鞋就要上千元人民币，由于母亲单位的效益不错，每月的工资总在四五千元以上。满足孩子的需要完全不成问题，但也造成孩子一些错误的认知，不懂得疼惜单亲妈妈的辛劳。常常任意地从母亲的钱包里拿钱。

孩子的母亲前来寻求协助，我了解到这位母亲的钱包，永远不清楚放了多少钱，给孩子零用钱，向来都是孩子说个理由，母亲唠叨个两句，扣东扣西后也都会拿出钱来。

孩子小，母亲的工资尚能应付，到了十六、七岁，念书的学费，同学之间的交往，加上孩子迷上网游，过去养成的错误习惯，在孩子今日的学业上、行为上却带来了莫大的影响。当母亲的收入不足以满足孩子的需求，孩子的问题来了——偷钱。

解决之道就如上述的建议一般，这位母亲先是把自己的钱管理好，接着按每周给孩子零用金，以及凭记账本领钱的规矩。当然，这些都是与孩子共同协商找到的答案。

从开始实施新的管理办法，奇妙的是，孩子买运动衫、球鞋，或是与同学出外玩，还有手机的通话费用，上网的钱，孩子都开始斤斤计较。

这位母亲已经学会让孩子承担责任的教养方式。每当孩子提出任何要求，这位母亲一改过去的方式，既不唠叨也不讨价还价，总是一嘴地答应下来，但是会请教孩子：

“那这个月的零用钱就不够你的开销了。你打算怎么处理呢？”

或是这么说“请问你，我先帮你付的这些钱，打算每个星期扣多少还给妈妈呢？”

约三个月左右的时间，这孩子就有了十分优秀的表现，不仅懂得珍惜母亲的辛劳，建立起良好的用钱习惯，还带动同班的同学向他学习。

从上面的案例，可以看到这位母亲改变做法后对于孩子的影响。母亲不再和孩子讨价还价，而是先定好规矩，接着只是提出正确的问题，导引孩子自己去思考，却让孩子自己承担选择后的责任。

改善孩子任意拿钱的习惯，要避免孩子在自我认知上留下印记，那会令孩子一辈子都错误地认为，我不是一个好孩子。

父母学堂——把选择权还给孩子

把选择权还给孩子的同时，也请父母把对孩子的信任，孩子管理自己的责任，一并放回孩子的手中。

提示：

孩子的错误只是缺少清楚地规范，多与孩子沟通家里的规矩，并且在接下来的时间，包容孩子依旧会做错的事。

孩子做错了，和颜悦色地和孩子探讨，做事之前是怎么想的。有没有想起和父母谈过的规定，只要孩子说有，记得立刻给孩子鼓励。孩子说忘了，也别生气，请教孩子，下次要怎么做，才能帮助自己，做到承诺过的事。

孩子作出选择的背后，需要父母的信任作支撑，信任孩子愿意做到更好，信任孩子会努力改正缺点，信任孩子真的是最棒的。

沟通内容：

和孩子谈谈在外工作，钱是很敏感的，父母如何拿捏分寸。没结婚之前，如何用钱；婚后，尤其有了孩子，又是如何作出不同的选择。

父母在不同阶段，作出不同选择的原因是什么。帮助孩子了解，不同的角色，因为承担的责任不同，对于钱的管理也会有所不同。

第三把智慧的钥匙：订立明确的标准

金融海啸之后，全球的学者专家大力提倡，教导孩子正确的金钱观念。研究发现，金钱价值观，管理钱的能力，会影响每个人做人做事的决定，也间接左右了一个人一生的财富及幸福。

台湾教育单位已经明确规定，自 2011 年起，在中小学推广三大金钱素养教育：spend（花费）、save（储蓄）、share（分享），简称“三 S”。

其中在 3 至 6 岁的教养内容里，有些重要的观念，值得父母参考：

⊕培养孩子分辨“需要”与“想要”的能力。

⊕协助孩子在生活中养成自我克制的习惯。

⊕学会拒绝不当广告的诱惑。

⊕建立基本的金钱知识。

除了上述的基本观念，日常生活里有一套明确的标准，更能帮助孩子，清楚需要遵守的规范是什么。

（1）请清楚地告知孩子，家中有哪些钱是零钱是大家都可以动用的。如前所述，在执行这个规定之前，要先对零钱的定义以及摆放的位置都有清楚的规定。

（2）父母要外出数日，最好告知孩子预留了多少钱做备用金，放在什么位置，发生急用时可以自行动用，但要记得电话告知父母。

（3）除规定的零用钱外，在家中任何地方看到的钱都请交给父母。

（4）每星期孩子领零用钱时，请先提出记账本——当父母看到孩子的记账有进步，也可以适当奖励孩子，让孩子乐于把这件事做得更好。

（5）孩子学习上发生的费用，理当由父母支付。学习之外的花费，请孩子养成和父母商量的习惯。沟通过程就能让孩子分辨清楚，什么是需要的，什么是想要的。最后让孩子决定，看是由父母先垫款，然后在每周分期摊还，还是自己慢慢去积累。

这里需要提醒一下，孩子借钱之前，就请父母将孩子摊还的金额及时间讲清楚。这样的教导方式，能让孩子学会要为自己的想法负责任。

父母学堂——订立明确的标准

培养孩子正确的金钱观念、管理钱的方法，尤其需要父母在家庭生活中建立正确的示范。

提示：

我问过太多的孩子想做什么样的人？多数答案："有钱的人。""有钱之后最想做什么？"孩子回答："可以买很多东西。""买哪些东西？"却没有哪个孩子说得清楚。孩子不清楚自己，却在心中充塞着无数的欲望。为什么？

因为父母苦自己，也要满足对孩子的溺爱，加上广告的推波助澜让物质的诱惑放大。对想要与需要，孩子又缺乏正确的观念，就容易发生偷钱这样的事情。

影响孩子一生的价值观，有赖父母从生活教育中着手，因为父母支配金钱的方式，耳濡目染之下，是孩子最好的学习对象。一旦养成正确取舍的花钱习惯，最能够帮助孩子学会自律。

我在这里列举八位世界富豪的金钱教育，作为父母的参考：

世界首富比尔•盖茨曾经表示，父母给他最珍贵的礼物，教他独立思考、判断及探索知识的方法。身为全球首富，但生活相当简单，曾说："我当然会给孩子买计算机，但是我会先帮孩子买书。"

华伦•巴菲特，鼓励孩子从小自己赚零用钱。有一天女儿找父亲借钱，巴菲特回答："你也像别人一样去银行借钱吧。"

华人首富李嘉诚，他的孩子李泽楷曾经说："父亲没有教我怎么做生意，只是教我们做人处事的道理。"时至今日，李嘉诚还穿着十年前做的西装，戴着150元港币的手表。

山姆•华顿是全世界最大的连锁百货公司创办人，他让四个孩子从小就靠打工赚零用钱。他说："孩子从家庭得到帮助，也要学会为家庭付出。"

阿瓦利德虽说是沙特阿拉伯王子，却是白手起家，和比尔•盖茨连手在全世界投资。他相信，孩子跟着他工作，看到他努力的样子，很难不受到影响，学习到更进一步、争取第一的精神。

吉姆•罗杰斯曾经与金融大鳄——索罗斯共创"量子基金"。在写给女儿的12封信中他说："你会碰到有些人鼓励你随心所欲地花钱，这样的陷阱，不仅是通往破产之路，也使你忘记什么是生命之路。”

洛克菲勒二世对孩子零用钱这么规定，自己支配三分之一，其余两份，一份储蓄另一份捐献，正由于不够用，孩子需要做家事赚取额外的钱。

这些富豪的身价不同，相同的是他们的生活简单、衣着朴素。认真守纪、勤俭、分享是给孩子最贵重的礼物。

沟通内容：

只有做了父母才明白，养儿方知父母恩的意义。有了儿女之后，才感受到心里想的，嘴里念的，都是为了孩子。这也左右了父母用钱的方式。

请把这一段感受与孩子聊聊，因为钱是满足欲望的工具，管理钱，先要了解自己的欲望从哪里来。而花钱是种选择，也是一个人自律的表现。

孩子从父母心甘情愿的改变里学习到钱也是一种表现责任的工具，怎么花钱，则表现出对轻重缓急的控制，一种值得信赖的能力。

有钱，能让人羡慕，但不代表能赢得尊敬。有人用钱的方式，却可以成为受人推崇学习的事迹。父母与孩子聊聊，对有钱和用钱的想法，钱有两面，正当赚来的，代表能力与努力。花钱的方式，却决定社会对你的评价。父母在两方面都是孩子的榜样。

第四把智慧的钥匙：给予充分的信赖与包容

让我们把焦点放在培养孩子正确的用钱观念。

父母在矫正孩子行为时，请多使用鼓励、赞美、肯定的用语。这对于想改变、有意愿开始调整的孩子帮助最大。

父母的信赖，才能唤醒孩子对自己的信赖。包容能让孩子相信自己的未来。

有智慧的父母懂得善用孩子犯错后心里正在七上八下的时机，心平气和地告诉孩子，正确的方法怎么做。

为了避免孩子在自我认知上留下创伤，贴上标签，千万不要说出下列的话，比方说：

“你怎么像小偷一样，偷父母的钱？”

“我没有你这个不要脸的孩子！”

“你知不知道这是小偷的行为？”或类似：

“你真是败家子，把我们父母的脸面都丢光了！”

“你的书都白念了！”

上面的指责，很容易让孩子留下错误的认知。孩子一旦在认知上印上了父母指责的角色，孩子一辈子都被设限在那阴暗的角色里。带来的影响有以下两种：

一是自暴自弃：

孩子认为自己反正已经无药可救，在父母的眼中也没有尊严可言，就会有放弃改善的想法，行为上表现出无所谓做对做错。这也让孩子在同学朋友圈中，有种自卑自惭的心理，造成孩子孤僻的个性，以及敌对的叛逆行为——你们不希望我做的，我就偏要做给你们看。

二是自我放弃：

自杀的孩子多数属于这种心理。孩子认为全世界的人都瞧不起我，我没有自尊，也没脸待在家里！

出于父母的愤怒，在批评、责备时，对孩子贴上了标签（小偷、败家子、书白念了、不要脸、丢了父母的脸），让孩子认为，我就是父母说的那个没希望的人。孩子感觉周围的每一个人，都瞄准着自己的错误。在这样的环境下，孩子对自己是彻底地失望了！

成长的动力来自两个方面，一是对自己充满肯定，二是对未来充满希望。

孩子一旦找不到这两方面的力量，就会对自己的想法、行为充满怀疑。不敢肯定自己会不会变好，又对未来的自己充满了排斥，不断地否定，带给孩子极大的痛苦，最后选择了让父母、让社会都遗憾的做法。而这一切是可以避免的。

请父母告诉孩子——孩子，就是还没有长大的人。对于许多事还不够清楚的人，也代表正在努力长大的人。请教孩子，你会对一位年纪比你还要小的孩子提出更多的要求，或是因做不到而处罚他吗？孩子，代表在做人做事方面，需要学习的地方还很多。另外，用支持的态度来告知孩子：

“很棒啊！孩子你看，我们每个人都会犯错，所以犯错帮助我们指出需要改进的地方，我们改正过来了，我们就是最棒的人了！你认为呢？”

最后请父母记得告诉孩子：“我们做父母的永远爱你，不论你做了什么，不论你在哪里，你就是父母最关心的人。”

用积极正面的态度，帮助孩子走出犯错后带来的阴影，才是所有父母应当做的。

父母学堂——给予充分的信赖与包容

信赖，父母清楚孩子会有最好的表现，也从不怀疑孩子最后的结果。

包容，在孩子还没有拿出最好的表现、最后的结果之前，父母的耐心和等待。

提示：

受到父母信赖的孩子，常会表现出自信与快乐，也在犯错后乐于改善。在这些孩子的内心，从没想过自己做不到。由于得到父母的包容，在改正过程中都能保留对自己有益的经验，也重视自己改正后的表现。

这说明一点，看到孩子对自己的行为、想法不是那么的自信，代表着父母在生活中，给予孩子的信赖还不足。

下次，再遇到孩子做错了，包括孩子又拿了父母的钱，都请父母好好珍惜这样的机会，表达出对孩子的信赖。信赖孩子会越做越好，相信孩子最后会出人头地。

信赖孩子的父母，常会在日常生活中，自然流露出对孩子的欣赏与肯定。虽然来上课的父母都很怀疑自己做不做得到，其实表达信赖的方法很简单，父母可以试着用这样的语言开头：“我相信、我肯定、我知道、我喜欢、我就说嘛、我了解、我清楚”，有了肯定式用语作为开头，父母内心里对于孩子的期望，自然而然就带动着流露出来了。

接下来的表达就简单多了，说出父母的心里话。例如：

“我相信你一定会做得很好。”“我肯定你的决心，来，我们一起努力。”“我知道自己孩子的能力，没问题。”“我喜欢听到你诚诚实实地告诉父母，真棒！”孩子听到的内容，是父母信赖我一定会做得更好，信赖我会有个不错的未来，孩子在父母的表达内容里找到成长方向，看到希望，也就找到了自信，肯定也快乐了。

沟通内容：

孩子信赖未来的结果，才会在今天付出。孩子对明天充满希望，才能对

此刻的挑战，坚持到底。

孩子在摸索前进的路上，特别需要父母的支持与信赖。“支持”让孩子就算遇到挫折，会哭、会难过，但不会放弃。“信赖”让孩子在奋斗的漫漫长路，总不孤单。“信赖”让孩子觉得，父母无时无刻不在陪伴着我，我们大家都确信我最后努力的结果。

请父母现在就开始吧！从告诉孩子：“我相信……”开始。

第五把智慧的钥匙：随时奖励

偷钱行为的背面，从积极的意义上看，让父母找出孩子在金钱方面错误的观念，以及不当的花钱行为。

许多在家拿钱的孩子，一大部分的因素，平日里父母对孩子的关爱不足，还有部分原因，父母对待孩子的态度，让孩子自信不足。

有一小部分的孩子，为了在同学面前，显示自己有钱花。这些孩子的动机很简单，填补自己不自信的内心，以及希望多交些朋友。

花钱得到最大的满足，不来自购买的商品，而是在花钱过程，有种这是我的决定，这件事我说了算，心理上对自我的肯定，得到满足后转换的成就感。这个现象说明了，许多富豪的子女沦为购物狂，和多数拿钱的孩子一样，缺少的不是物质，而是心灵上的匮乏。

许多家境不错、衣食无缺、孩子要什么父母就给什么的父母来寻求协助时，常挂在嘴边的话就是：“孩子只要开口，我们做父母的很少拒绝，孩子也不缺什么，我就想不通他为什么还会偷钱？”

是的，孩子缺少的是在日常生活中，自己做主的成就感，以及凡事自己作决定的心理满足。也提醒了父母，是不是对孩子的干涉太多，命令太多，指责批评太多？

掌握了孩子拿钱的因素，父母可以对症下药了。我的建议，从多陪伴孩子开始，陪伴带给孩子心理上的感受是：父母重视我，父母关心我。孩子心里认为父母重视我、关心我，是孩子找到自我价值、自我肯定很重要的力量来源。

陪伴，这是父母给孩子最好的奖励。

对因为工作的缘故，真的抽不出空闲的父母，建议你们不妨多利用写字条、打电话的方式关心孩子。请理解我讲的内容，关心，关注孩子的想法，交换彼此在生活上的感受，聊聊今天发生在工作上、学习上有趣的事。太多父母不论打电话、聊天，只谈一件事——功课，让孩子看到父母就跑。

关心，关注孩子的心，是父母给孩子最棒的第二种奖励。

我的母亲是这方面的高手，母亲起床早，常在我起来时已经出门了，饭桌上一定有张纸条，写着简单的几个字，或是一句话——儿子，记得吃早饭。或是——儿子，我今天去曾妈妈家，要记得自己弄吃的。就是这种关心，到今天想起来，心里还是满满的温暖。

第三种奖励则来自父母的放手。

还记得之前我们谈过的内容吗？让孩子从头到尾完成一件事，最容易带给孩子成就感。

许多事业有成的、或是本身是高学历的父母要注意了，你们的孩子，在成就感这方面特别欠缺，主要原因就是父母的强势，过多地、过早地帮孩子作出每件事的决定。在这种环境下长大的孩子，最容易用花钱来买成就感，或是用挥霍来吸引旁人羡慕的眼光，好满足受到重视的感受。

放手让孩子在生活中，随时随地对自己的事作出决定。这是父母给孩子最好的奖励方式。因为放手代表信赖。

倾听孩子的真心话，是孩子渴望得到的奖励。

对孩子心中的渴望、尚未满足的想法，进行交流。倾听，也是父母可以轻易做到，给孩子的一种奖励。

听到孩子表达真实的想法，父母们就算受限于家中的经济，或是不同意孩子的提议，都请记得，先鼓励孩子表达心中的想法，并夸奖、赞美孩子愿意说出真心话。

另外，知道孩子偏差的行为是由于不够自信，在交友上有障碍，父母以生日聚会、家庭活动为由，请孩子邀同学来家里，提高孩子交友的能力，这些花费不多，却是对孩子很棒的正面奖励。

父母学堂——随时奖励

奖励，包含时间的奖励，陪伴；语言的奖励，夸奖、赞美、鼓励；行为的奖励，倾听、拥抱、拍拍肩膀、快乐地大笑。最后才是物质的奖励。

提示：

偷钱只是孩子犯错的表象，把钱花在什么事上，才是父母得以一窥孩子内心想法的最佳机会。多数拿父母钱的孩子，对自己的自信不够，对父母的信赖也不足，一旦外在的诱惑来了，孩子的错误就发生了。

最好的解决办法——奖励。许多父母错误地认为，只有孩子做了对的事才能给孩子奖励。这是因为父母看小了奖励带给孩子的效果，或是害怕太多的奖励会让孩子骄傲。这些想法又局限了奖励的方式及种类。

请父母理解，只要对孩子带来帮助的行为、方法、态度、语言，就是奖励。

我对所有来上课的父母建议，每天陪伴孩子十分钟，这是奖励。但是请父母注意，父母是陪伴的人，主角是孩子。也就是请父母不要喧宾夺主，把这十分钟，说个不停，说的又是千篇一律的功课、成绩、努力。

这个十分钟的主导权在孩子，让孩子说些生活中的想法，父母听着就好。刚开始，父母孩子都不习惯，父母可以从孩子有兴趣的话题——你的好朋友；你的老师说了些什么；今天发生了哪些有趣的事；在学校过得开心吗？放假了，有没有想法……作为导入的题材。

真心话才能带出孩子心里的真实感受，父母管教孩子要从理解孩子的心情作为开始。

我之所以谈论这么多的奖励，一个原因是中国的父母最不擅长奖励孩子，更重要的原因，解决孩子行为的问题，要先找对孩子心里的误区。当孩子觉得受到父母的重视，自己尊重起自己了，孩子行为上的、心理上的问题，多数都能迎刃而解。

许多偷钱的孩子来到我这，很快就解决了问题，主要的方法就是，我让孩子移转注意的焦点。把错误带来的逃避、畏惧的念头，转换成接受自己有做得不够好的权利，有从错误里吸取经验的能力。观念先调整了，再就是建立内在的信念。不断地奖励，一直到孩子从内心里真正相信，我，一个努力长大，会做错许多事，却从不放弃成长的孩子，我是真的很不错。

沟通内容：

父母学习奖励孩子做“对的事”，孩子才能学会做出对的行为。

孩子的表现，就像电视，有着数十种不同的剧情。选择让电视播出什么内容，完全决定在遥控器的手里。父母对待孩子的态度就像是遥控器一般，当父母的态度是烦恼的，愤怒的，猜疑的，批评的，打骂的，有如按下了遥控器的按钮，孩子就会依照着父母的态度，表现出相同的剧情。

父母烦恼的态度，孩子因应着虚与委蛇。愤怒，孩子则逃避；猜疑，孩子就撒谎求得片刻的安宁；批评、打骂，常常让孩子选择了变本加厉，因为打骂让孩子的心里反射出，反正父母也不肯定我的想法。许多孩子就这么走上歧途而毁了一生。

但是父母也别忘了，不论孩子现在上演的剧情多么的荒腔走板，遥控器依然在手，孩子的一生还有许多精彩的剧情等着父母选择。父母按下了信任，信赖孩子最终会拿出令人骄傲的成绩。知道吗？孩子的人生，将会因父母选择了积极的，肯定的，信赖的态度，转变了人生的剧情，也扭转了前进的方向。

永远给孩子机会，别怀疑，我过去的经验，连最坏的孩子都能变好，您的孩子也一定会越来越好。

让我再重复一遍：信赖，代表父母清楚孩子会有最好的表现，也从不怀疑孩子最后的结果。这是给孩子最好的、影响一生的礼物。

随时奖励，让孩子随时都清楚成长的方向，也在任何的情况下相信自已，会越变越好。父母，您准备好按下正确的按钮了吗？

父母
心得记录：

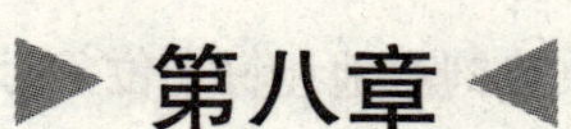

第八章

孩子沉溺于电玩游戏怎么办？

据统计，全球线上游戏人口超过两亿一千七百万，根据有关的教育基金会研究报告，小学、初中玩电玩的比率高达 50% 以上。过去 5 年，线上玩电玩人数增加了 47.8%。上述数据显示，电玩已是挡不住的流行世界。

讲到电玩，这是许多青少年父母的噩梦。父母一方面知道电玩对孩子的魅力简直无法阻挡，另一方面却又深恶痛绝。只是少有父母深思，电玩吸引孩子的原因何在？

在许多大型研讨会上，我刻意地让每十位父母成立一个小组，共同讨论孩子沉迷电玩的原因。结果却很失望，父母们采用反对、排斥、惯性思维，却没学会面对问题，找寻真相。

许多父母甚至有一个错误的认识，这个世上没有了电玩，就可以找回原本乖巧听话的孩子。事实呢？孩子出现问题并不是从有电玩开始的。

解决问题，要从问对问题开始。电玩满足了孩子哪方面的需求，孩子才会乐此不疲？沉迷电玩，让孩子逃避哪些压力——像是父母的不理解，学习进度跟不上等等。找到这些问题的答案，孩子的问题自然迎刃而解。我们首先来看几组对比：

1、父母不了解电玩、费尽心思却败下阵 vs 陪孩子打电玩更能赢得孩子

学习面对问题：父母面对电玩所采取的对策，都与孩子的天性背道而驰。难怪这些父母用尽心思还是在电玩面前败下阵来。

课堂上，我请父母大声地说出这句话："我承认我的孩子喜欢电玩。"很有趣的现象，这些承认过的父母，能够很心平气和地面对孩子，这就为良好的沟通创造了机会。接下来再说出："我接受自己不了解电玩。"接受是种智慧，让主观转变成客观。接受了现况，让父母在对的方向找出正确的方法。猜猜看，这些父母接下来做什么？学习打电玩。猜不到吧！

在研讨会中，我请会玩电玩，曾经陪孩子打过电玩的父母举手，比例上往往不超过现场人数的百分之二。在与电玩争夺孩子的战争中父母已经输了，

为什么？父母连竞争的对手是什么都不明白，难怪会输得不明不白。

玩过电玩的父母都深有感触，电玩太吸引人，但其吸引孩子的魅力从何而来，这些父母却又说不清楚。

2、电玩满足成就感 vs 现实世界中由于父母过度保护，孩子对自己的能力产生怀疑

让我们这么来看孩子沉迷电玩的原因。首先，请问父母，您的孩子在生活中有多少机会可以取得成就感？

多数沉迷电玩的孩子，在家除了念书，父母很少让孩子参与家中的任何活动或家事。父母忘了，孩子的成就感是要从日常生活中，完成一件从头到尾的事情才创造出来的，并且在过程中没有父母的指示，没有平日里的命令，自己克服困难。

现况呢？每当孩子去做件事，父母都对孩子表现出你做不做得到的焦虑，会不会造成伤害的恐惧。孩子在探索、尝试，找出自己能做出什么事的过程，父母的干涉，父母的担忧，让孩子在整个成长之路，充满了对自我的不确定与恐慌。

很少有父母意识到，在孩子身边表现出担忧，会让孩子对自己的能力产生怀疑，充满了挫折感。在孩子成长的过程，父母的过度保护，其实是剥夺了孩子找出我能做什么、肯定自我的机会。

※ 每个生命的成长，都要在不断的摸索中积累经验，在不断克服障碍中找到对自我的肯定。

周围的环境没有实现自我的机会，孩子要从何处找回我能做什么的成就感呢？这就是电玩吸引孩子的致命原因——电玩满足了孩子在现实世界不易得到的成就感。

3、分数让孩子找不到自己的价值 vs 电玩能证明“我是有用的”

现在的孩子除了念书、考试，拿回成绩单，没有任何机会证明自己是有用的。父母不敢放手让孩子去尝试他们好奇的事，也没有给孩子体验、操作的空间，让孩子证明，我学到的知识是有价值的，所以，几乎所有的孩子都失去了学习的方向！

学习是有意义的，但只有将所学到的内容，运用在生活实践中，才能让孩子感受到学习的价值。

每个孩子都愿意做有价值的事，那会提高孩子对自我的评价，那就是成就感。

4、学校的成绩vs打电玩的成绩，决定了孩子的取向

分数是可以评断出孩子学习的结果，而不是能力与努力。考试的目的——找出孩子不明白、不理解的地方以及学习上的盲点，并从解决盲点的方法，调整孩子不当的学习方式。

可惜的是，多数父母与师长却用分数决定了对待孩子的态度。这就造成成绩好的孩子，从学校、家长的赞美、奖励中，还能获得持续学习的动力，分数低的孩子怎么办呢?

电玩，电玩要打出高分，得靠不断地积累学习经验，不断地运用学习到的技巧与内容。学习的成果越好，电玩显现的分数越高，奖励越大。这大大地鼓励了这群在学习及生活上，失落了自我、放弃了自我的孩子。

请父母注意到，电玩要玩出兴趣，靠的也是学习，那为什么学校的学习结果让孩子充满挫折，而电玩却让孩子找回了存在的价值?看到这，父母能够一味地指责孩子及电玩吗?

从以上几组对比情况的分析，我们可以总结出电玩吸引孩子的原因，主要有以下几点:

1、实时奖励，满足了孩子的渴望

对一群自己不清楚能做什么，在考试分数上也是“被击败的逃兵”，又被父母时时刻刻指责批评的孩子，多么渴望找到机会证明自己的价值。电玩出现了，也恰好满足了这一点。

在电玩世界，只要通过一个小小的关卡、一次轻易的挑战，电玩立刻发出令人振奋精神的乐章，让孩子感觉自己就是被欢迎的王者，胜利归来。

电玩在每个小小的胜利背后，都实时给予丰富的奖励，让所有的孩子忍不住要继续挑战下去。

看看电玩的设计是如此符合人性:

“只要做对的事就及时奖励。”

“不问你未来的成果如何，只要表现出一点点成绩，立刻就给你百分之百的鼓舞、奖品。”

对那群找不到自我的孩子们，他们太渴望立即式的奖励与回报了!

相比在学校的学习，付出但是看不到回报。在父母面前，也曾刻意表现，却得不到及时的赞美与鼓励。学校看的是几个月后的考试成绩，父母关注的是几年后能不能考上好大学。那些孩子在付出了一段时间努力之后，却得不

到认同、鼓励，他们已经丧失了继续努力的理由与动力！

电玩知道这群孩子需要激励，需要奖赏，来满足他们渴望已久的成就感。如此这般投孩子所好，怎么会不令孩子沉迷！

当父母们看到这里，不知会不会产生这样的念头：当我对孩子的肯定、奖励，比电玩更能满足孩子的成就感，一定能赢回孩子的心。有这样想法的父母，真是个有智慧的父母。

2、孩子能够充分发挥长处，潜能得到展现

电玩世界的每个角色都具备价值，不像真实世界里，角色有尊卑，收入有高低。打电玩的人彼此多是以网上的假名相识，更给了孩子放下顾忌，做真实自己的机会。

许多在真实生活里被视为学习成绩差的坏孩子，出人意料地，有可能是电玩世界中的明星，是游戏社团的领导人。只因为每个孩子都尽力地表现自己，发挥所长，潜能得到充分展现的机会。

为什么相同的孩子，无法在真实生活中有一样的表现呢？答案是：父母只给会念书的孩子较大的包容，却在成绩差的孩子身上找缺点。

3、孩子感到自己被需要、被肯定

在这个庞大的电玩世界里，没有人在乎参与者的年龄、背景、学历，每个人只看对方的表现，并且每个人都建立在相互支持与能力互补的关系中。这种关系的建立，满足了孩子在现实生活中无法得到的受重视感，因为每个角色都是被需要、被肯定的。

从上述三项吸引孩子沉迷电玩的因素，也可窥见父母在教导孩子过程中的缺失——奖励太少，只看重学业成绩的好坏，对孩子在各式各样技能的表现方面缺乏肯定。

2008年《哈佛商业评论》选出年度20大创见之一的论文——线上电玩玩出领导力，及美国麻省理工大学（MIT）史隆管理学院教授所提出的论文，都关注线上电玩对教育带来的影响。

他们花了八个月时间观察这些现象，找出电玩对参与者的成长与改变，并提出了以下观点；

（1）新世界正在成形：信息完全透明，以平等地位协力分工。

（2）新能力受到重视：要善于沟通，找出对方需求，公平分配利益。

（3）新规则正被创造：任何事要公平服众，满足个人成就感。

透过这份全球性的研究报告，父母们看到什么？换个说法，父母可能更容易感受到这份报道所描绘的未来。假设你的孩子大学毕业超过十年了，各大知名企业争相聘请，年薪在人民币150万～400万，而你的孩子之所以拥有如此优厚的条件，与其他企业所追捧的孩子一样，都因为在电玩世界具有悠久的历史、显赫的纪录，才有这样的结果。看完这些报道，父母对于电玩会有什么不一样的想法吗？

在未来应征工作，父母可能会惊讶地发现，个人履历表中多加了一个内容，问你的孩子，在电玩世界，实战经历的累计时数有多少。

作为这些孩子的父母，又将如何看待电玩？别认为这个世界离我们还远，它已经发生在全球各大知名企业，应征的条件中了。

例如，全球连锁企业“星巴克”咖啡的全球信息执行官，就因为他拥有全美第三大电玩社团的资历，在前去星巴克之前，他是全球少数几位可以每个月有两个小时与微软总裁比尔•盖茨一对一沟通的人，其后，他被星巴克挖走，年薪250万美元。

孩子要面对的是未来，但现在的父母却依旧用过去的方法、观念教育孩子。父母们要注意了！世界已经改变了。

请父母面对真实的现象：

（1）不是孩子沉迷于电玩，而是真实世界没有给孩子足够的肯定。

（2）玩电玩是全球趋势，因此更需要父母的从旁协助。

（3）用爱与包容，给孩子实践的机会，用鼓励让孩子找到自己的成就感。

因此，父母用建设性沟通五把智慧的钥匙，协助沉迷于电玩的孩子——那群有可能成为明日之星的孩子，就显得更有意义。

父母学堂——沉迷电玩的孩子

父母无法避免电玩带来的影响，就请正确地认识电玩带给孩子的改变。

提示：

电玩弥补了孩子在生活中缺少的体验，包括成就感、做自己、充分发挥想象力、凭实力赢得结果，以及肯定每次的成绩，做对了就奖励等等。

所有这一切，本该是教育环境提供给孩子的内容，遗憾的是，做得到的只有少数一些具有远见的教育机构。但是父母却不能忽略掉这些有价值的方法，因为孩子的未来，握在父母的手中。做到了，你的孩子就具备了面向未来的竞争力，孩子的心自然就转弯了。

请选择正确的方法。把孩子放在中间与电玩较劲、拔河，父母赢了，孩子却已经伤痕累累。也有父母选择与孩子对抗这种方法，结局呢？那些作出选择的父母都有过经验，孩子是无法与父母对抗的，只好选择离家出走，父母得要付出更多的代价，却还不见得让孩子真心回头。

请用对的方法，孩子可以是电玩的高手，但也是父母眼中的乖宝贝。

沟通内容：

父母如果不懂电玩，可以请孩子教你，请教的本身就传达了一个明确的信息——孩子，你做得真不错，父母也想学一学怎么打电玩。那会帮助父母和孩子站在同一边，既赢得孩子信赖，也让孩子愿意接受来自父母的建议。

第一把智慧的钥匙：建设性提问

在处理孩子沉迷电玩一事上，父母都有过大大小小不愉快的经验，却改善有限。重新建立孩子的成就感，才是当务之急。

重新建立孩子的成就感有以下几点作参考：

1、不批评

批评会引发孩子情绪上的反感，而父母的职责是帮助孩子，在行为失序时找到更好的改善方法。请父母参考下列的对话方式，在改进孩子行为的目标上，是一个不错的选择。

例 1："你（孩子）就是不听话。"——这是批评。

"我真是对你失望透了！"——不信任孩子的未来，是最糟糕的批评。

换个说法：

"你了解自己该怎么做吗？"——没有恶意，只针对发生，父母说出善意的提醒。

“父母可以提供一些过去的经验吗？”——清楚表达了父母的态度。

例 2:“你就不能在功课上多用点心？”——不清楚父母说的用心的标准，指责式的批评。

“你怎么念书老是不专心呢？”——没有任何帮助的批评。孩子听到自己的问题，却依然不知道改进的方法。更糟糕的是，加深了孩子对于自我的认知——念书不专心。

换个说法：

“你现在念书的时间（方法）够不够（对不对）？你觉得有哪些方面是父母可以帮你的？”——建设性沟通。

“念书真的很辛苦，但是要照顾好身体，可以吗？”——体谅孩子的建设性沟通。孩子感受到父母重视自己的健康，胜过对念书的要求。

“看到你自动自发拿起书本的样子，是父母觉得最高兴的事，你知道吗？父母很以你为荣！”——肯定孩子的行为，表达父母对于孩子学习方法的暗示，期许式的建设性沟通。

2、不比较

当父母拿别人的成绩来比较自己的孩子时，糟糕的是，孩子并没有因此而明白父母对自己的期望。适得其反，比较——往往反令孩子有强烈的挫折感，导致放弃明明做得到的努力。比较让孩子觉得，父母怎么都看不到我的优点、我的付出。

例 1、“你看看你们班，那些考得好的同学，一样的老师教，你怎么就考得这么差！”——比较，让孩子觉得自己比别人差。

换个说法：

（1）建设性沟通——“不错嘛！你们班上有的同学考得很好啊！这样你就有很多同学可以去请教了。”孩子听到父母提供了方法。

（2）建设性沟通——“孩子，你看，在某些方面（要有具体例证，例如作文、体育等）你就做得很棒，并且我发现你还常常帮助别的同学。那在自己较弱的科目上，是不是也可以请教他们，看有没有什么好方法，你说呢？”

（3）建设性沟通——“考试的目的，就是帮我们把平日学习中不明白、不清楚的地方给找出来。考差了，没关系，想法子把不会的题目弄明白，这次考试的目的就达到了。你看是找老师还是找同学们，请教他们一下，等到每次考试不会的题目都弄明白了，你就会是最棒的，对不对？”

这是在女儿对考试成绩不满意、难过的时候，我告诉女儿的话。

3、不指责

指责，让所有的孩子都不知所措；

指责，容易造成孩子相信自己是很低能的；

指责，会让孩子失去做事的兴趣；

指责，让孩子看不到对未来的希望。

但是所有的父母都在不知不觉中，每一天传达大概超过二三十次的指责，多数是语言上的指责，而来自肢体上的，例如眼神的烦厌，肢体表现出的严峻，或是当着孩子的面，表现出极度愤怒的动作，更造成孩子无法泯灭的挫伤。

所有的指责，都会引来孩子对自身行为的辩解。孩子知道做错了，他内心里面已经有了愧疚感，父母的指责来了，出自于自卫的本能，每个孩子都会身不由己地进行对抗。许多父母说：这是孩子叛逆期的行为，其实那只是包含父母在内，每个人遇到指责的反应而已。

放弃父母的权威，放弃掉父母主观的认知，以及裁判的教养方式，父母会发现，孩子都渴望成长，都渴望表现得更优秀。

美国监狱针对青少年犯罪，作了长期的调查研究，发现其中重大社会案件的犯案者，在儿时都长期饱受来自父母的指责，造成了他们反社会的人格，反叛及仇视的报复心理。

当父母了解，指责带给孩子的心理阴影，指责并没有带给孩子更好的遵循目标，是否可以请父母放弃掉指责？

最常见的指责：

“你怎么这么晚还不起床？”

“你怎么把床弄得那么乱？”

“你看你的房间，跟个猪窝似的！”

“走开，走开，成绩考那么差，你还好意思在我眼前晃来晃去的？”

“你能不能多用点心思啊，个子那么大，脑袋跟个猪一样！”

以上的这些文字，或许做父母的你们已经看不下去了，但我要说明一下，这些话都是孩子告诉我的。试想想，这些话，如果用在我们的身上，会给我们带来什么样的感受？可能十天半月，脑子里都围绕着这些内容，并因此怀疑自己：我到底还行不行？

许多孩子，从家里到学校，天天都遭受着这些折磨。

指责无法带给孩子清楚正确的方式，而鼓励恰好弥补了这一缺点。让我们看看下面的案例：

例 1：“你做得不错啊！尤其是看到你这么用心，肯定会越做越好。”

例 2：“你是怎么想出来的？真厉害，下回我看你可能会变得更棒。”

例 3: “爸妈支持你，试一下嘛！”

例 4：“过去没做过的事，一开始，任何人都会担心！这很正常的嘛，试一试才知道自己能做到哪里。父母对你有信心！”

例 5：“我们相信你！你行的！”

例 6：“虽说我们功课不咋地，但在很多方面爸妈都看得出来，只要用心，你就是最棒的！”

例 7： “你说得对，值得做做看。”

父母请教孩子的意见，孩子说出的想法可能不够完备，但请父母不要立即给予答复，而是用鼓励的态度接纳孩子的想法。这对孩子是最好的激励。

玫琳凯公司的创办人玫琳凯 · 艾施女士四十五岁开始自行创业。在她的自传中，她告诉我们，在她四岁的时候，她的母亲常因为工作的关系没有办法回家安排晚饭，母亲常对着需要垫起脚跟才够得上电话的玫琳凯说“你一定行！你一定可以做得到的！”

母亲的信任，按玫琳凯女士的说法，支持了她一辈子，在面对困难挑战的时候，总可以找到坚持下去的力量，并坚信自己“一定可以做得到”！

从上面的案例可以看到，一句来自母亲肯定的话，影响着孩子一生。这真是值得父母去学习的模范。

4、尊重孩子的决定

没有人喜欢言听计从，那会让人找不到自我。教育孩子的过程，许多父母最忽略的一点，就是让孩子独立完成一件事。有过这样的经验，才能带给孩子高度的成就感。建议父母可以从下面的案例中开始练习。

例 1：从日常生活中请孩子协助完成一些事开始。

例如：整理自己的房间；布置家中的摆设；让孩子去商店买东西……在孩子做这些事的过程中，尊重孩子的意见，放手让孩子独自决定。父母记得在过程中常给予赞美和鼓励即可。

例 2：在学习上尊重孩子的选择。

例如：遇到是否需要课外学习，放手让孩子自己决定。放学回到家，在时间上的安排，父母只要订立基本原则，如每天看电视多少时间，几点前睡觉，在睡觉前将明日的课本预先收拾好。至于怎么做，何时做，请父母开始练习做一个旁观者。

念书中间要不要吃东西，父母看电视会不会产生打扰，需不需要父母陪孩子到念完书大家再一起睡觉，都请孩子发表意见，父母尊重意见即可。

孩子提议要与同学一起念书，父母可以建议先邀请同学来家中坐坐，认识了，就可以放手让孩子自己决定。

5、如何与沉迷电玩的孩子相处

孩子为了电玩已经到了不接受父母意见、时而有离家逃课的现象，建议父母在处理时，先从接受孩子的现况下手。

（1）“父母对电玩完全不了解，我看你这么厉害，要不要教教我？让我有机会跟上时代。”父母成为孩子的学习者，对孩子也是种有力的鼓励。

（2）“我看过一些数据，知道打电玩的人数每年都大幅增长，看来是我的孩子跟得上流行，父母们已经落伍了！可以教我也接触一下吗？”接纳孩子的现况，是缩短亲子之间距离最有效的方法。

（3）“可以请你跟我说说电玩吗？父母挺好奇的，有机会我也想学一学。”给予孩子充分表达的机会，其实是父母赢得孩子信赖的一种方式。

（4）“孩子，我听别人告诉我，打电玩可以培养将来的领导能力，可以告诉我，你玩电玩多久了吗？是不是对你有些帮助？”倾听孩子叙述他自己最得意的事，是轻松赢得孩子好感的一种技巧，同时也可借机了解孩子目前的现况，或是挖掘出孩子的长处。

（5）“父母不了解电玩，可是电玩吸引了这么多孩子去玩，肯定有吸引人的原因。我们要不要讨论一下啊？”父母尊重孩子的意见，是消除彼此对抗最有力的方法。

（6）另外请教孩子“孩子，我们要不要一起看看每周打电玩的时间，以及打电玩的花费要怎么安排，你看好吗？”都是还不错的沟通内容。

6、如何处理孩子在网吧发生的各种情况

接到孩子打来电话说，欠了多少钱，请父母去处理。父母到了网吧，请千万不要生气到做出错误的事——包括在大庭广众之下，臭骂孩子一顿；或是扬言要控告网吧……这一切无助于把孩子争取回来，一般情形下反而把亲子之间的关系降到了冰点，甚至让孩子找到离家出走的理由。建议处理方式如下：

（1）“累不累？你肚子饿吗？”

不论孩子所在的地点让父母多么厌烦，去到现场，先关心孩子的身体。会打电话让家长来偿还欠款，多数情形，孩子熬通宵，可能也没吃什么东西，叫些吃的来，一方面让孩子有被父母接受的感觉，再者也能缓和僵局。

（2）“昨晚打得很精彩吗？”

在父母眼中，欠钱、没用的孩子，说不定是电玩场所里的高手，有时候，爸妈羡慕孩子一下，会让孩子原本叛逆的情绪瞬时扭转。问问孩子，昨晚打得精彩吗？

（3）“还想打吗？”

结账前先了解孩子真实的情况，不妨问问孩子，还想打吗？——如果游戏尚未结束，硬逼着孩子回家，过不了多久，孩子还是会回到网吧，那不如尊重孩子的选择，还能赢得孩子对父母的好感。

（4）“有始有终。”

果真孩子要留下来把这一局游戏打到结束，记得告诉孩子：

“不错哦！我喜欢看到你做每件事都有始有终。”这是在提醒父母，善用每一个环节去传达对孩子有益的观念，同时也表达了父母的态度。

（5）“自己决定什么时候回来。”

父母留下来看孩子玩，孩子如果不愿意，正好让孩子与父母重新建立对话的关系，请教孩子：

“那你自己决定过多长时间回家？”在得到孩子明确的答复之后，告诉孩子：“这个时间够吗？那我回家等你喽！”

（6）“钱在这，请你自己结账。”

把钱交给孩子去结账。这是为了给孩子做足面子。

孩子催着父母来处理，可想而知，肯定是店里人逼的，这个时候父母将钱交给孩子去处理，会让孩子觉得十分有面子。许多男孩就为了挽回面子，常做出一些愚蠢的事情，譬如，用偷来的钱去买回父母所造成的伤害。

建立与孩子相互尊重的对话，是当今父母非常需要学习的一门课程，同时也是协助孩子学会尊重自己的重要方法。

7、找到孩子在游戏中的成就感，大声鼓励孩子

孩子沉迷电玩，如前所述，是孩子在生活中、学习的过程里、饱受挫折后的反弹。现在，父母已经被逼得来到了网吧，也看到孩子沉迷的环境如此恶劣，没错！父母会有很强烈的挫折感，觉得所有的努力都白费了。

千万别放弃，父母这时候更需要找到孩子值得鼓励的理由。

（1）“哇！太厉害了！想不到我的孩子打电玩这么棒！”

看到孩子电玩的成绩，不仅要鼓励，还要想办法，比电玩给予孩子的鼓励更要有力。

（2）随时请教孩子：“这是什么？”

“为什么你这么厉害？”

“快教我一下，下一步要怎么操作？”

想办法让孩子感受到父母比孩子还要投入在游戏中。父母遇到电玩里任何不明白的事，一定要学会向孩子请教。

父母的请教就是对孩子的尊重。在父母示范的背后，已经教会孩子：不懂，向别人请教并不是一件羞耻的事。

（3）接受

在孩子打电玩一事中，父母不采取对抗的做法，孩子是会有想法的。当孩子真正感觉到，父母愿意接受我任何的错误，也表现出给我改进的机会，这种来自于内心的感受，才能帮助孩子愿意去调整自己的行为。

（4）尊重孩子的选择

“请你自己决定一星期打多少时间电玩，好吗？决定了，告诉父母。”

“不错嘛！我觉得你的时间安排得挺好的，要不我们先试试看两个星期，你看好吗？”

也可以与孩子约定“父母能不能请你当我的电玩老师，每星期教我如何操作？”

父母学堂——建设性提问

帮助孩子知道下一步如何做，比让孩子承认错，更能帮助孩子。

提示：

三不：不批评、不指责、不比较。

批评：在孩子做一件事的过程中，说三道四找毛病。

正面的做法：肯定孩子的想法、方法，提出具有改善效果的提问，目的不是让孩子听父母的，而是抛砖引玉。

指责：父母对孩子做出的结果，表达出不满意、挑剔、做得不够好的看法。

正面的做法：帮助孩子看到自己做得不错的地方，再请教孩子，有没有

做得更好的方法？共同找答案。

比较：总让孩子觉得自己做得不好，表现得不够努力，付出得不够多。

正面的做法：提醒孩子过去做得好的记忆，找回对自己的肯定。

沟通内容：

三请：请问、请说、请教你。

请问：父母不猜测任何情况，直接请问孩子。

请说：看到孩子想要表达什么想法，父母不妨先停下自己的谈话，告诉孩子——你请说，父母也很希望听听你的看法。

请教你：尝试着将日常生活中发生的事情，请教孩子的想法。例如家中的清洁、金钱的分配、念书与看电视的时间、孩子的课业辅导，都不妨让孩子表达自己的看法。

这个做法的好处：让孩子习惯和父母交流想法。方法很简单——孩子，能不能请教你……？把所有关于孩子的事——念书、花钱、交朋友、学习、老师、对父母的管教、生活上的规定等等，孩子懂或不懂的事，都可以提出来请教孩子。

第二把智慧的钥匙：把选择权还给孩子

了解孩子沉迷电玩的主要原因——缺乏成就感。父母就更要学会随时将选择权还给孩子。

1、把如何生活的选择权还给孩子

从打电玩的经验看到，孩子对学习会有持续的热情，因为看到了自己的进步。成长增加了克服困难的能力，才带动了孩子求知的欲望。在日常生活中也有许多这样的机会值得父母善加利用。例如：

（1）在日常生活中，从孩子做好自我管理开始

孩子自我管理的范围，从自己选衣服出来穿，起床后整理自己的床褥，收拾上学的书包，出门前书桌上的整齐，吃饭时间协助父母一起布置餐具，到吃完饭，分配给孩子的分内工作，例如洗碗、收拾垃圾等。

也别指望孩子第一次做，就表现得很称职。孩子完成工作前，千万不要唠叨，也不要在操作过程中指示这样做那样做，哪里又做得不到位。

孩子开始做，“开始”的本身就值得夸奖。孩子能否做好，靠的是父母的赞美与等待的耐心。

能在做事的过程获得父母的支持与赞美，孩子对自我的肯定，就达到了强化的功能。

（2）让孩子在学习方式与方法上，自己解决难题

学习最大的价值不光是学习的内容，还包括在学习过程中克服困难，找出解决方法的训练。针对现在 90 后的孩子，解决问题的训练，更能培养孩子未来就业竞争的能力。

培养这个能力，就要不论从孩子的学业上还是生活上，养成遇到困难，遭遇障碍，独立思考如何解决问题的习惯。

现代的父母，上学帮孩子拎着昨晚父母收拾的书包、水壶，放学的过程依然如此。回家后倒水，帮忙脱校服，拿上点心，到把今天的作业本，摊开放在桌上，等着孩子写作业。遇到芝麻小事，铅笔断了，父母去削；橡皮擦擦不干净，父母帮换；到作业本要折折子等，孩子在念书过程一切的琐事，父母全包了。

父母这么做是能让孩子专心写完繁重的作业，但父母的所作所为也剥夺了孩子在每件小事里的成长机会。

学校、父母都常问道：为什么这一代孩子都那么高分低能？但是，有多少父母意识到，从小到大，父母的行为才是造成这一现象的主要原因。可惜大多数父母总觉得是孩子的问题。

请把孩子在学习过程的选择权还给孩子，包括方式方法，要不要找父母帮忙，也归于孩子的选择范围。许多父母害怕失去了对孩子的控制权，其实是没有必要的顾虑，当父母越放手，越能赢得孩子对你的爱。

另外，孩子喜欢找同学一起读书，花时间了解是哪些同学，那是父母该做的，剩下的只是支持。

孩子喜欢熬夜，父母只需规定每天要睡足几个小时，能做到，父母就支持你。

（3）家中事务，请孩子拿主意

家中的每件事，孩子都应参与，最起码也该做到请教孩子：

“有没有空，请你来帮忙？”

“孩子你对这件事有什么建议？”

“孩子，能否请你给父母拿个主意？”——包括放假全家要出游，请孩子协助调查游览资料，交由孩子决定出游路线，这都是对孩子最好的肯定。

2. 还打不打电玩？请把选择权还给孩子

父母早就忘记小时候，偷偷摸摸做父母禁止的事，是能在同学朋友面前夸耀、令自己多么兴奋的事。

对抗，会提高处理孩子问题的难度，指的就是这个意思。父母越是禁止，孩子得到同学、朋友的羡慕就越多。当父母放弃与孩子的对抗，孩子就失去了挑战的乐趣。例如：

（1）孩子彻夜没回家

有时到了最糟的状况，孩子被网吧扣留，父母看到孩子的时候，一副邋遢样子，眯着眼睛，打着哈欠，肯定是一晚上没睡。父母在这时候愈要沉住气，拿钱给孩子，让他去还清欠账，同时还不忘请教孩子：

“游戏打完了吗？”

尊重孩子的决定。请父母放心，孩子都是很讲义气的，现场给足孩子面子的做法，很快，孩子就会从尊重父母的行为里回报回来。

（2）打电玩的时间，转换成对孩子的奖励

每天或每星期打多少时间的电玩，常常是父母与孩子争执的重点。其实不妨将打电玩的时间作为奖励，和孩子商量，拿出两种成绩的进步，做父母的就保证让玩电玩的时间也加分。

一种是学习成绩的进步，一种是行为表现的改进。学习成绩的进步不要求大幅度突飞猛进，应是以孩子现有水平做基础的循序渐进。例如孩子现在的平均分是50分，父母设定标准可以订在55分，学习成绩平均提高5分，打电玩的时间可以提高10分钟、20分钟。何种标准最合适，与孩子共同讨论。

另一种，行为的改进。比如说遵守时间，孩子在起床、睡觉、做功课方面，表现得都很好，那么要怎么加分，与孩子商量。

或是增加参与家庭活动的考核。打电玩的孩子多数会与家庭疏远，现在请孩子订个计划，当自己加入到家庭活动中，如何奖励。

父母学堂——把选择权还给孩子

尊重孩子的方法之一，让孩子自己选择。

提示：

选择就是一种开始，当孩子作出选择，请父母学会很重要的一点，开始赞美。

请父母别忘了，孩子沉迷的不是电玩，而是电玩带给孩子的成就感。只有父母也能做到，甚至带给孩子更多的成就感，父母才能打赢电玩。

现在就开始，放手让孩子为自己的事，自己的想法，自己的学习，自己的作息，作出最好的选择。

因为，每次的选择，也是一次新的责任开始。

父母的功能，在孩子选择的背后，支持、鼓励，同时帮助孩子找到更多的好方法。

沟通内容：

许多父母害怕把选择权还给孩子，主要的原因，害怕孩子做错。那能不能请父母换个方法，先了解孩子的想法，请教孩子的做法，把不可控制的因素降到最低，然后还是把选择权交到孩子手中。

沟通方式不妨运用前面建议父母的三请——“请问、请说、请教你”的方法，一是找出孩子的想法，二是清楚孩子的做法，再来排除可能的障碍。

每个沉迷电玩的孩子不是坏，只是压抑许久的情绪，需要找到令自己满意自己的方法。父母的请问内容，尽量与增加孩子的成就感有关，参考以下的做法：

还记得吗？小时候你哪方面的表现，让父母惊喜得不得了（举出孩子真实的案例）。

每当想起（孩子课业以外的表现成绩），那时候，看到你高兴的样子，到今天都记忆犹新，你自己还记得吗？

翻开照相簿，全家人一起聊聊孩子从小就让人记忆深刻的“大事”，还有那些“特殊才艺”，令人啼笑皆非的事。

当父母努力找孩子的优点，总可以挖掘出孩子生命中的宝藏。而每个宝藏都潜伏着脉络可循，引导着父母再一次打开那无可限量的潜能。

第三把智慧的钥匙：订立明确的标准

让孩子遵守订立的标准，父母请先学会跟随孩子的现状。跟随，是教育孩子的智慧。跟随需要父母暂时放下主观与判断，才能完整地了解孩子真实的想法。所有父母订立的标准都是对的，但是唯有孩子愿意接受，标准才有价值，配合孩子的信赖，标准才不至于成为与孩子引发冲突的导火线。

标准的目的是协助孩子找回成就感，有以下几项：

1、自我管理的标准

（1）明确的作息时间

与孩子沟通每天充足睡眠的时间。规定的目的是保护孩子的健康，但别忘了，订立规定，最有价值的部分，是让孩子做得到，每做到一次，带给孩子一次自我肯定，从每天遵守的行为中，找到对自我满意的成就感。

并且我建议，在作息时间没有落实成为孩子遵守的行为规范之前，不加入其他的要求或标准。这点十分重要。

（2）生活上的自我管理

孩子的房间、书桌、衣橱，如果现况还是一团乱的情形下，不妨由父母与子女约定好时间，一同进行整理。整理完毕了，告诉孩子，请每天保持这个标准，这能帮助孩子养成受人尊重的好习惯。

当孩子开始表现出一点点正确的行为，请记得立刻给予孩子充分的肯定。这一步步的成长过程，期间都少不了父母的时刻夸奖。

2、学业上的管理标准

沉迷网吧的孩子，大多在学业上有了障碍——某些课业跟不上进度，老师讲课的内容听不懂等现象。一般孩子认为这是很丢人的事，不愿意去面对问题。父母能够协助的方法：

（1）掌握孩子学习上的进度

孩子刚回学校时，最需要父母花时间了解孩子的学习进度。课程跟不上，与孩子商量，可以考虑降一级。或是转学，还是找个家教辅导。

（2）全力排除孩子不愿上学的原因

有些孩子排斥上学的原因，是老师的教学态度不佳。请父母客观地请教学校，解决方案有哪些，也问问同班同学，是否有真实的案例。有，就要即刻处理，看是转班或是连同其他家长向学校反映。

（3）请孩子定计划

订立明确的念书计划。需要星期一到星期天的完整内容。提醒父母，计划的内容也包含孩子休息、打电玩、看电视，属于孩子自己支配的时间在内。

将每天的课目花多少时间、念书的进度，以及睡觉、起床的时间都纳入在计划范围。请父母记得从孩子订立计划这一刻起就赞美孩子，更重要的一点，计划的目的，帮助孩子清楚每一个时间段，该做什么，而不是让父母指着目标骂孩子。

计划也可以成为父母鼓励孩子的工具，例如："不错啊！今天已经看到你拿起计划在看了。""没问题！孩子，父母对你有信心，做每件事，一开始本来就需要点时间。""很棒啊！刚刚还看到你不是照着计划在做吗？现在这一段做不好，要不从下一个内容再试一下，你看好吗？"

3、玩电玩的标准

最有智慧的父母会与孩子预订，请孩子做老师，教父母打电玩的时间。透过孩子扮演老师，最能提高孩子对自我的肯定度。

另外，由孩子自己制定打电玩的时数，至于每天何时打，则交由孩子自己选择。打电玩的开销及网费都应由孩子的零花钱去支付。

父母学堂——订立明确的标准

订立标准的前提，孩子愿意做，同时还要能做得到。

提示：

明确的标准，让孩子清楚在什么时间，做什么事，以及何时完成。

所有的父母都知道循序渐进的含义，在协助孩子进步的过程，也请父母依循孩子的进度，包容、鼓励孩子慢慢来，让孩子知道，做到进步一点点，就很了不起了。做不到也没关系，再来一遍不就行了？

沟通内容：

孩子的进步需要父母关心，现在孩子订立出了不错的计划，但是在执行时肯定会发生许许多多的状况，请父母把握住沟通的重点——认同、理解、表达。这个内容在前面已经提到过，让我再提出说明一次。

认同——当父母放下要求，父母就能轻易地看到孩子做对的优点，和为孩子提供的更好的方法。

认同代表不奢求，不期望孩子能在短时间改变，却从不放弃对孩子的信赖与支持。并且让孩子常常听到、感觉到父母对他的支持。

理解——相信孩子愿意做好，只是还没有找到对的方法。这也是父母能为孩子提供建议的时候——每件事都可以找到好方法。

理解孩子做了错的事情，是因为孩子付出了努力，只是用错了方法。所以做父母的要夸奖孩子的努力，但也同时提供正确的建议。

理解孩子需要解放，在玩乐的时候，让孩子玩就玩得比别人轻松。

父母也需要了解，孩子要有电玩游戏的经验，才不至于被其他同学取笑。这或许能够帮助父母，换个角度看待孩子打电玩这件事。

表达——孩子拥有自己独特的能力、个性，这一切都需要透过表达，才能在竞争中脱颖而出。这提醒父母，和孩子沟通的过程，请尽量为孩子带来正面积极的观念。

因为，父母的言行举止就是孩子学习的榜样。

父母
心得记录：

第四把智慧的钥匙：给予充分的信赖与包容

1、改变行为要靠强烈的动机，这源于父母给予充分的信赖与包容

孩子沉迷于电玩的原因来自两方面的力量，一是电玩带来成就感的诱惑力量，另一方面，学业上的压力让孩子充满挫折感。

电玩精彩的内容加上成就感，有不断诱惑着孩子前来的力量。而父母的要求，学校的考试，带来的挫折则是推着孩子逃离现实环境的力量。

当父母用打骂带给孩子挫折感，孩子只会更想逃避现实，躲入虚拟的电玩中，找寻满足自我的成就感。这就是许多父母改变不了孩子的原因。

现在孩子沉迷电玩的原因清楚了，那解决问题除了用对方法，还要请父母给孩子足够的时间。寄望孩子在听完父母的责备，或是经过专家的协助后，就转变成好孩子，那是不切实际的想法。改变需要时间，这是造成父母挽救孩子失败的第二种原因。

改变需要强大的动机，建议父母善用日常生活中的每件事，重新建立孩子对于父母的信赖，是辅导孩子转变成功的重要过程。

因为产生改变的想法，来自对结果的信赖。借由生活中的每件事，让孩子感受到父母的包容，才容易产生想改变的勇气，这是个重要的开始。

例如：沉迷电玩的孩子，通常睡眠时间、饮食习惯都被打乱。如何协助孩子改善恶习，父母不仅需要更多的耐心，更要注意到表达的技巧。首先，每次表达只关注一个目的，举例说孩子睡眠是否充足？告诉孩子：

“我相信你也愿意改，一时半刻没有人能调整得那么快，爸妈只关心你每天睡眠时间是否充足，这点你可以保证吗？”

“每天你有 8 个小时的睡眠，能做到这点，你什么时候睡，我们就不会操心了。”——表达的内容非常单一，只提到睡觉，并且不带有其他的要求。

孩子能调整自己的行为，这就是帮助孩子，建立自信的第一步。看到孩子真的做到了，记住，立刻夸奖孩子，千万别在这时候得寸进尺，去唠叨孩子“你能不能早点起床？”、“你就不能像别的孩子一样，早上起床？”，那就前功尽弃了！

饮食，从另一个角度来看，不妨当做是父母表达关心的一种工具，何况也关系到孩子的健康。不需要另外安排用餐时间，孩子在调整初期，中午赶得上就一起吃午饭，没起床，父母也不要刻意叫醒，等孩子饿了找吃的，父母要是在家，就帮孩子弄点吃的。孩子坚持要自己动手，父母就一定要配合放手。如孩子心中充满愧疚感，同样会抑制对自我的肯定感。

再有，孩子参不参加家庭活动、不一起到外面聚餐，或是拒绝到亲戚家串门拜访，都尊重孩子的想法。

孩子的决定能随时随地受到家人的认同，这才是培养孩子自尊心重要的源头。请父母记得，改变需要强大的动机，父母的所作所为能带给孩子成就感，就赢得了与电玩的第一场战争。再能够排除孩子的挫折感，父母与孩子就都赢了。

2、孩子在课业、念书上的决定，给予信赖与包容

改变环境，以及造成孩子沉迷电玩的因素，远比改变孩子的行为，更能带来长久的影响。例如课业上的压力，或是老师的责罚。

处理孩子的问题上，请父母要一次处理一个现象。许多父母急于挽回孩子的学业，却忽略孩子回到学校的压力，显而易见，解除压力才是父母要优先处理的事项。譬如下面的说明：

当孩子明白告知不回想学校，不想念书，请父母不要追问一句：

“那你要做什么？”只要接受，并表示支持。父母可以这么请教孩子：

“爸妈支持你的想法，那我们需要为你做些什么事吗？”——此刻的支持，换来的结果，孩子得要为自己的下一步用心思考，同时还赢得孩子的信赖。

或当孩子明确表示跟不上目前课业，父母也不要再指责，只需请教孩子有什么想法，父母们都很支持你，如此就好。

建立新的信赖关系，是改变孩子的关键。就算孩子休学在家，也远比让学校的压力，不断引发孩子想逃回电玩世界要强得多。

当然，孩子能够接受重回学校是更好，父母在这方面就需要给予孩子更多的鼓励与支持。这段时间，父母要将关注点放在孩子的进步上，而非孩子的考试成绩，并记得将这个观念与学校老师进行交流，时时交换观察孩子的结果。

3、给予独立完成一件事的信赖与包容

孩子需要借着许多不同的尝试，才能充分认识自己。每个人对自我的评价，学历，是外在的一种代表；但在生活中解决问题的过程，才有机会发现自己喜欢或不喜欢、具不具备这方面能力等等内在的认知。

孩子对自己的认知愈清楚，自我肯定度就愈高，自我肯定度愈高的孩子，

克服困难的耐心与毅力也就愈强。

例如家中要清扫，与孩子商量，哪些事他想负责，就放手让孩子去独立完成。过程中不要有父母的指示、指导，更不用说用命令的口吻了：

“这个事你去做。”——命令。是令人觉得不舒服的方法；

“这么多事，孩子你看，我们怎么分配工作啊？”——尊重。

有太多父母就是喜欢对孩子下指导棋：孩子说“我想看一会电视。”

“不对，你现在应该去写数学。”类似的表达方式不知不觉之中，让孩子又有种不自信，想找回电玩带来成就感的需求。

孩子能做，或是可以让孩子尝试去做的事，都请父母放手。父母会发现，干涉越少，孩子做得会越有劲，成就感越大。

4、上网时间与钱的管理，给予信赖与包容

许多父母控制孩子钱的来源，希望能够遏制孩子打电玩。遗憾的是孩子往往用更多的错误，例如撒谎、偷钱，或是把要交给学校的钱挪来花用，造成适得其反的结果。

有位父亲干脆把孩子的计算机网线拔了，结果孩子在床铺底下又藏了一条。那位代表韩国参加世界电玩竞赛获得第一的选手说，由于父母的管制，只能半夜躲在被窝里玩，因为不能发出太大的声音，反而练成了今天的速度。

父母也会担心，我的孩子就是管不住自己，才会沉迷电玩。现在好了，上网时间让孩子自己决定，零花钱也自己管，这样能学好吗？

我请教这些父母，对孩子现况满意吗？是否代表过去的方法需要修正一下呢？给予孩子自主权，给予孩子选择权，所换回的是孩子对自我的肯定度高了，懂得该如何尊重自己的权利了。懂得尊重自己的孩子，才会尊重父母的权利与决定。

也请父母放弃妄想，孩子有了自主权和选择权就不会再犯错了！做不到。坦白告诉父母，连成年人都做不到，何况孩子。因为还要给孩子一段适应的时间。期间包括孩子更有可能会变本加厉，但请记住在一开始提醒父母的：

沟通：一次只有一个目的。

初期父母的焦点是在恢复孩子的自信，帮助孩子找回成就感。至于孩子上网时间管理得不好，钱还是花在电玩上，不是现在的解决重点，就请父母学会暂放一边。

每当孩子犯下相同的错误，恰好提供父母再一次表示信赖的机会：

“我相信你会愈做愈好的。”“不错啊！爸妈已经看到你的努力了。”总是

不断地从孩子的行为、想法、做的小动作里找出赞美孩子的理由。因为现在父母只为一件事努力——孩子有了想改进的动机。

要让孩子自己管理上网的费用。建议采用第四章有关管理孩子每周零用钱的办法。首先明确告知孩子每周的零用钱是多少，打电玩的开支，请孩子自己承担。让孩子学会对自己决定的每件事负责任，这是很重要的。

或许孩子还会犯下撒谎的过错，坚定地告诉孩子：

“诚实，是一种对自己负责的选择，也是父母最重视的行为。孩子，你来决定，父母这次该如何处理，好吗？”接受孩子的道歉，也同时接受孩子对处理方式的选择，但对作出的决定要执行到底。

把握住原则：让孩子明白——父母永远爱你，永远不会因为你犯错、书念不好，就不再爱你。可是父母也有责任教会孩子学会为自己的行为负责任。

父母学堂——给予充分的信赖与包容

为对的事情付出代价。

提示：

信赖，经历过考验，依然保持对结果的相信，才叫做信赖。许多父母缺乏一贯的教育模式，导致孩子今天犯了错，父母口头唠叨个几句，明天，孩子又有了新花样，父母可能因为动怒而有了不同的处理方式。孩子一旦猜测父母管教孩子的标准、原则是什么，也就是不信赖的开始。

建立起教养孩子的标准，父母对待孩子的言行举止，就要不断地呼应自己订立的标准，并且还是以信赖孩子的口吻表达。举例：

孩子与父母商量好每天的起床、念书的时间表，第一天表现得可圈可点，父母要适时地告诉孩子：

“你看，我就知道你会做得很好，爸妈一直相信我的孩子是很棒的。你说，爸妈要怎么奖励你？”

第二天，孩子没有按时间起床，父母该怎么办呢？我的建议：

“乖孩子，起床的时间到了，你要不要起来啊？昨天是不是睡得太晚？先起来吃点东西，想睡一会再去睡，好吗？”——在这一段话里，父母并没有用孩子的承诺来取笑孩子，一贯的用信赖的方式，肯定孩子会作出好的选择。

这就是我给父母的建议：信赖与包容。

沟通内容：

不断地肯定孩子做到的事，也在孩子表现出对的行为时，立即给予夸奖及鼓励。有父母问我，那孩子做错的时候就不理了？是的。请注意，父母不理的是孩子做错的那件事，对于孩子为什么做错的原因，却需要立刻掌握。

因为我们需要孩子记住正确的事，孩子认为自己可以做到的事，孩子对于未来的结果从不怀疑的事，而不是逃避自己。

第五把智慧的钥匙：随时奖励

电玩赢得孩子的心，理由只有一个，电玩给做对的行为最好的奖励。父母要争取孩子回心转意，方法只有一种，比电玩更懂得奖励。

电玩是在孩子做对了之后，才给予奖励。父母要胜过电玩，就要从一开始有了改变的想法，就给予孩子奖励——奖励让每个人愿意把正确的事情再做一遍。

孩子可能会在许多时候产生想改进的念头，父母要乘胜追击，帮助孩子产生强烈的意愿去试一试。

1、当孩子在日常生活中想参与家事时给予机会和奖励

再不要用“你只要把书念好”这么一句话夺去孩子参与家事的机会。每当孩子表示出想帮家里做点什么，父母就要大声鼓励：

“太棒了！我喜欢你能在这方面帮上父母的忙。”

“请问你，你想怎么做？”让孩子按照自己的想法去完成，完成的结果是否符合父母的标准，不是父母需要关注的焦点，而是在做的过程找出孩子用心的行动，给予夸奖。

2、孩子表示出对自己行为不满意，或是有点懊恼的时候，给予奖励

表示出不满意自己的行为，或懊恼自己刚才的决定，都代表孩子发出了想改变的讯息。这是父母表达鼓励的最佳时机：

“很棒啊！你能警觉自己的行为，这就是进步啊！来，爸妈支持你，我们可以给你来个掌声鼓励吗？”——从正面给予孩子肯定。

“让你觉得懊恼的事，想想看，对哪些事不满意呢？”——引导孩子面对问题，找解决的方法，也是表达关心的方式。

听孩子表达自己的看法，接受孩子的选择，协助孩子作出正确的决定，也是奖励的一种方式。另外买个小小的礼物，做出一道孩子爱吃的菜，明确告诉孩子：

“父母已经了解到你想改进的想法了！真是一个好的开始。”

3、孩子的作息与学习有了一点点的改变时给予奖励

从通宵熬夜到半夜就关机上床睡觉，有没有改变？有，就值得父母去重视，并回馈鼓励的信号：

“不错啊！你已经开始在调整自己的行为了！”父母在此刻千万别再提出新的标准而告诉孩子说：

“要是能早点睡就更好了！”这句话其实隐藏了对孩子改进的行为依然不满意。这将令刚刚才萌芽、想改变的孩子感觉，一下子就把他们推进了无望的深渊。

面对孩子学习上也是相同的处理原则。当孩子表示出想念书，想返回学校，想考上好的学校，父母的表示只该是鼓励。

许多父母在听到孩子的正确讯息时，往往不经意表示了不信任的看法:“凭你现在的样子怎么可能？”

“你整天还在打电玩，别做梦了！”

“我才不相信你想念书。”等等内容。

正确的响应方式，是对孩子的想法表示出赞美的信任：

“很好啊！那你有什么想法吗？”

“很棒啊！那你觉得可以从哪里开始啊？”

“太好了！愿意改变的想法就是最好的开始，爸妈为你的想法感到高兴。”“父母可以为你的想法，给你来个最棒的掌声吗？”

最后，想提醒父母，每当孩子重复的犯错让父母心灰意冷，不知如何是好时，请回想一下，孩子刚诞生，父母当时的心情，用了所有的爱与祝福来迎接一个新生命的到来！以及给孩子生命里的一切。

看着孩子一寸寸长大，到今天，不知跌倒了多少次，父母却永远信赖孩子跌倒了会再站起来。信赖让父母从不放弃鼓励着孩子，也从不曾怀疑自己的孩子做不到。

是的，正因为所有父母给了每个生命如此丰富的爱与耐心的等待，我们每位孩子才能克服困难，站稳了脚步，走出人生的第一步。

此刻，沉迷电玩的孩子正需要父母重拾生命初次降临时的那份爱，那份信赖。让信赖的爱，来支持我的长大，支持在学习成长的过程，一次次错了再重来的机会。是的，请给孩子无限的包容与鼓励。

因为正是那份曾经熟悉的爱，让我从不畏惧改变，让我克服所有的恐惧走出人生的第一步。请爸妈给我那失去温暖的心再一次温暖的拥抱。

父母学堂——随时奖励

让孩子在爱中成长，那就是最好的奖励。

提示：

每当烦恼愤怒来临，请父母学着离开。每当看到孩子做错了，请父母感受一下，孩子此刻内心的惶恐。每当孩子因为犯错，逃避自己的责任，请父母尝试着，把指责转变为对孩子有帮助的建议。

是的，我知道这不是一天半天就可以做得到的事。但是请父母信赖自己——孩子是在父母的信赖中找到一步步长大的勇气的。也请父母学着包容自己——只有父母能够包容自己的错误，才能给予孩子在犯错时候，一次两次，无限次的宽容与等待。

沟通内容：

挫折感带给孩子最大的伤害是逃避自己。奖励则带给孩子信心。一个不相信自己的孩子，如同站在起跑线、却不相信自己有机会赢得胜利的选手，他是既不会开始，也不会全力以赴。

父母如果不断地找出孩子做得不错、表现得很好的信息告诉孩子，请父母相信，一部全新的计算机，输入什么内容，就一定得出什么结果。孩子也是如此。

请从现在开始，不断地，持续地让孩子从父母的嘴里、表现出的态度，听到看到父母对孩子的赞美与鼓励。是的，全世界的孩子永远都是最棒的！我相信，请父母相信，也请父母努力让孩子相信。

父母心得记录：

后 记

我有一个梦想

我有一个梦想，让中国人成为最受尊重的民族，让中国人成为最受欢迎的人。

我有一个梦想，让每个家庭多点欢乐。这个世界，处处充满欢乐。

我五十五岁了，意味有过许多经历，也面临过无数次要在对与错之间作出决定的时刻。我常因为书念得不多而做错了许多事。但是更多时候，母亲从小的教导，在面临道德与利益的选择中，帮助我作出正确的决定。我常想，果真每个家庭都发挥了父母教育孩子的力量，那真是全世界的幸福。

1988 年我在西安省的博物馆看到唐代的种种记录，那市集中的荣锦繁华，让每张面孔看起来都洋溢着满足、快乐。对美的追求，对世界其他人种的兼容并蓄。梦想，从唐朝人物爽朗的笑声，穿越了不知多少世世代代的痛苦与呻吟，来到我的面前，形成了我对民族奋起的想象。

但是，从小到大生活的涓滴细流，才是教会我认识到非做不可的理由，因为只有让每个家庭都掌握了教育子女的智慧，真正明白了教养子女的重要性，这个梦想才有实现的可能。

我生在 1955 年，家里四个孩子，头尾是女的，中间两个是男的，我排行老三。父亲 16 岁就跟着爷爷从黑龙江老家出来。就像所有来到台湾的大陆人一样，父亲内心里的孤独与伤痛，我们做孩子的从没有机会了解，哪些左右了父亲一生，也影响了他的孩子——我们。

母亲在年轻时候该是个十分美丽的女人，从家中发黄的照片，以及后来大姐的相貌都可以看得出来。大姐日后成了台湾早期红遍南北的歌星——赵晓君。

大姐常羡慕我，因为时不时会听我说，这句话是妈妈教我的，这件事老妈说过该怎么做的。在老姐的记忆里，母亲可能是伤害她最深的人。

我想，母亲如果能多一些些表达爱的智慧，懂一点点教育孩子的技巧，也不至于造成随着老姐的知名度越来越高，她们母女俩的关系却越行越远。

母亲临终前，我打了一盆热水，将母亲从头到脚仔仔细细服侍得十分干净，母亲平静地说："能有一个孩子孝顺，我也心满意足了。"听得出，母亲放下了和大姐分开近二十年里日日夜夜对女儿的思念。说完，没有五分钟，看着面前一生从没有停止过想给尽孩子一切最好，却自己吃尽所有苦的我好舍不得的母亲，看着她的脸庞宁静安详地阖上眼。

母亲一生好强，从不向环境低头，哪怕自己吃尽苦头；白天打水，抢不过男人，那就半夜里起来挑水，也要让孩子站出去是干干净净的。为了贴补家用，学着别人种地瓜叶、养猪，到我念小学时，在住的宿舍里卖孩子的小吃。母亲，总可以在困境里找到解决问题的方法。

小学三年级，母亲累得病倒在床，我记得她解开手表叫我拿到当铺换钱请医生拿药。她就是不喜欢求人，她严于律已，对待外人却是十分宽厚。

她是周围邻居孩子最喜欢的赵妈妈。但是家里的四个孩子，却在母亲好强个性的要求下，每个都非常的不自信，也可以说，活得好辛苦。

我们很难活出自己。母亲对自己孩子的要求，总要在别人家孩子之上，从念书、考试、成绩到一言一行。对自己的丈夫也是以自己付出的努力作为标准，而让一个男人找不到自己的价值。

小时候的记忆，每个人似乎很难得到母亲的赞美，家里较多听到的倒是母亲叨念着——你看谁谁家的孩子，在哪方面表现得如何如何好。听来像是我们几个孩子，个个都一无是处。

大姐在十七岁那年离家，大我三岁的大哥初中没等毕业就进了军校。每个孩子都等不及长大就急急忙忙地走了出去！父亲还留在警察单位，没跟全家搬来台北。家，只是换了个更好更大的房子却也显得更冷清了。

大姐从新加坡红回台湾之后，每个月都原封不动地拿回家厚厚的信封袋，按当时的房价计算，买个一般的公寓式房子是没问题的。问题是我从小熟悉的家没了！有的是争吵、摔门。

母亲没有因为有钱，而改变她的作风。孩子大了，想法也成熟了，每个人，包括我在内，都陷入在无止无休指责对方为什么不了解理解我；你，为什么不听我说的争论里。

从初中二年级下学期，我开始了逃课，毕业典礼没参加我就步了大哥的后尘，逃难般地进了军校。我讨厌家，我讨厌有钱，都是有钱，害我的家出了问题。当然，以后我才明白，是父母的观念以及对待人生的方式影响了他们教育孩子的方法，和钱是无关的。

家里四个孩子往后的发展，婚姻都不美满，每个人都离过婚，兄弟姐妹的感情，也不像别的家庭长大的孩子。到现在和大姐也有近二十多年没碰面！

不过我们算是幸运的，家里的每个孩子虽说一路走来十分辛苦，终究我们没有脱离社会的正轨，小时候的不自信反倒成了我们努力向上的动力。以我来说，在三十多岁就已经拥有千万的资产，但是对自己的不自信却依然随时影响着我，常在挥霍、伪装、讲大话中来满足那不自信的无底深渊。

直到1997年经历一次真实的死亡，一把十五公分长的军用匕首从胸部第七根肋骨插入，划破膈肌，刺破脾脏、肝脏，我昏迷了三天后醒来。我只记得在我快要倒下前，一生的经历如电光石火般清晰又飞快地闪过，最后，一切的财富名声都烟消云散，就母亲的容貌停留在我最后的记忆里。我知道，对辛苦一生的母亲我还有好多好多的奉养义务没有尽完。

天幸我活了过来，又在日后和老妈一起生活长达十几年。

接下来和母亲一起生活的日子，让我越发地相信一个完整家庭带给孩子的重要意义，只有在被爱中成长的孩子才有幸福的感受。就是这么一段长大的经历，让我有了延续1988年在西安的梦想——让每个家庭多点欢乐。

而每个家庭的欢乐，总是围绕着父母之间的关系，父母教育孩子的方法，以及父母对待子女的态度。这意味着我、我们，每个已经是父母以及将来为人父母的每个人都有责任。

完成责任的良莠决定了小到一个家庭的兴与衰，大到影响一个民族在全世界的竞争力。我想通过这本书来提出对您的邀请，邀请所有的中国人一起来完成——让我的家庭多点欢乐！

让中国人成为最受尊重的民族，让中国人成为最受欢迎的人。

是的，让每个家庭多点欢乐。这个世界，处处充满欢乐。

这是我们大家的梦想。

让孩子深信：父母永远爱他们！

女儿是2001年4月10号出生的，隔着玻璃窗看着她，当时我就许下了承诺，要写本书作为女儿来临的礼物。时间一晃十年。

十年时间里，女儿教会了我真正的爱——没有抱怨、不是交换。不论我对待她的态度如何，她从不怀疑我对她的爱。在和女儿相处的过程，她是我的老师，让我重新了解了爱的完整与如何表达完整的爱，也教会了我懂得包容与等待。

这些内容一一地呈现在我的课程里，与这本书中。我有幸将这些内容带到大陆十几个省份，与数十万人分享。在各地讲课过程中，众人愿意与我分享的内容我也如实地呈现在这本书里。希望能够为每位读者带来更多的收获。

记得有一天，我说爸爸会老，女儿很着急地在旁边喊着说："爸爸不会老！"现在我已经55岁，到女儿成年，这一段岁月里，我想留下一些父亲的想法，留几本书给女儿该是最好的礼物。因为，我要女儿知道，她的父亲将给她的爱留在这个人世间，让众人分享。

智慧的父母
从一颗种子，看到一片森林
每个孩子都有独特的成长节奏
规定让孩子动辄得咎
因为规定缺少生命的弹性
规律则是父母的智慧
让孩子，做自己

智慧父母研习营课程

亲爱的朋友，您好！

您想了解智慧父母如何运用“四尊重、三请、三不、八原则”来培养孩子成为“生命的主人”吗？您想了解“为什么夫妻之间的两性关系会影响孩子一生的性格、品德及人际关系？父母与孩子的沟通表达要怎么说孩子才会听？您希望所说的每一句话都在不断强化孩子的自信吗？为什么帮助孩子学会选择是培养领袖型儿童的核心？这一代的父母要如何才能引领孩子的未来？”

请立即登陆 www.qn365.net 家庭教育服务页面注册申请

（登陆后输入您的姓名、手机和邮箱，您将立即免费获得 2000 元智慧父母课程电子优惠券，请务必如实填写，我们承诺绝不向任何人透露您的信息。）

参加“智慧父母研习营”课程

国际亲子教育大师赵崇舜现场传授如何做智慧的父母！

特别提醒 1：网上预约报名“智慧父母研习营”的父母，立即获赠 2000 元智慧父母课程电子优惠券，同时免费获赠《做智慧的父母》电子书。

特别提醒 2：为了协助中国父母轻松掌握引导孩子成功的方法，我们要求报名课程的父母，需是购买并认真阅读《做智慧的父母》的读者，凡享受 2000 元智慧父母课程电子优惠券的申请者，参课前需出示本书。

请立即拨打咨询热线：400-6494-365 按 3 键 或 010-59733464

全脑教育认证课程

亲爱的朋友，您好！

您想了解国际领先的全脑教育如何培养孩子成为“生命的主人”？您想了解国际专业全脑教育师身心成长的五个阶梯吗？您期望成为受父母尊重的教育职场“金领”吗？您期望获得高薪教育职场的自由选择权吗？

请立即登陆 www.hrdchina.org 或 www.qn365.net 注册申请

（登陆后输入您的姓名、手机和邮箱，您将立即免费获得 600 元认证课程电子优惠券，请务必如实填写，我们承诺绝不向任何人透露您的信息。）

参加“中国全脑教育师”认证培训

培养孩子成为“生命的主人”

拥有高薪职场的自由选择权！

“中国全脑教育认证首席导师”石卉博士携亚洲资深全脑教育专家团系统培养未来最具国际竞争力的全脑教育师

特别提醒 1：“中国全脑教育训练师”是由国家发改委中国人力资源开发研究会推广的全脑教育行业最高权威认证。

特别提醒 2：网上预约报名的中国全脑教育师认证课程的申请者，将免费获得《做智慧的父母》电子书。

请立即拨打咨询热线：400-6494-365 按 5 键 或 010-59733464

财商教育认证课程

亲爱的朋友，您好！

您期望获得人生的财富自由、时间自由、心灵自由吗？您期望建立自来水一样的现金流管道，通过系统创富让“懒人”比“传统的千万富翁”更轻松地获得财富增长吗？您期望成为亿万富翁中的自由族吗？您想了解世界首富为什么要从小培养孩子的财商吗？

请立即登陆 www.fqchina.net 或 www.qn365.net 注册申请

（登陆后输入您的姓名、手机和邮箱，我们将确认您的参训资格，请务必如实填写，我们承诺绝不向任何人透露您的信息）

获得免费参加 2 天 1 夜 8800 元

“世界级系统创富秘训”贵宾名额

中国“财商教父”朱鹰老师携手中国财商教育首席导师张泰彬　亲临传授

特别提醒 1：本次活动是由中国财商教育行业最高权威认证官方机构联盟智慧馆教育集团共同推广的“中国财商教育慈善公益课程”。

特别提醒 2：申请获得免费参训的贵宾，需是购买《做智慧的父母》正版书籍的读者，参训前需出示本书。

特别提醒 3：由于全国预约参加的企业家和期望获得财富自由的人士较多，本活动时间也许会有变动，但通过网上申请已获得免费贵宾参训资格的申请者，我们承诺 100% 保证您的权益。

请立即拨打报名热线：010-82868223 或 400-6494-365 按 6 键